1001
MANEIRAS DE FICAR EM FORMA

Susannah

PubliFolha

UM LIVRO DA DORLING KINDERSLEY
www.dk.com

Para as minhas filhas

Título original: *1001 Ways to Get in Shape*

Copyright © 2009 Dorling Kindersley Limited
Copyright do texto © 2010 Susannah Mariott
Copyright © 2010 Publifolha – Divisão de Publicações da Empresa Folha da Manhã S.A.

Todos os direitos reservados. Nenhuma parte desta obra pode ser reproduzida, arquivada ou transmitida de nenhuma forma ou por nenhum meio, sem a permissão expressa e por escrito da Publifolha – Divisão de Publicações da Empresa Folha da Manhã S.A.

Proibida a comercialização fora do território brasileiro.

COORDENAÇÃO DO PROJETO: PUBLIFOLHA
Editora-assistente: Paula Marconi de Lima
Coordenadora de produção gráfica: Soraia Pauli Scarpa
Produtora gráfica: Mariana Metidieri

PRODUÇÃO EDITORIAL: ESTÚDIO SABIÁ
Edição: Silvana Salerno
Tradução: Cynthia Costa
Preparação de texto: Valéria Braga
Revisão: Hebe Lucas e Ceci Meira
Editoração eletrônica: Pólen Editorial

EDIÇÃO ORIGINAL: DORLING KINDERSLEY
Editora do projeto: Angela Baynham
Editora de arte: Carole Ash /Project 360
Editora sênior: Helen Murray
Editora de arte sênior: Sarah Ponder
Assistente de arte: Charlotte Seymour
Fotografia: Ruth Jenkinson
Suporte técnico criativo: Sonia Charbonnier
Produção: Ben Marcus
Controle de produção: Herna Gohil
Gerentes editoriais: Esther Ripley e Penny Warren
Gerente de arte: Marianne Markham
Capa: Charlotte Seymour
Direção: Peggy Vance
Dicas de ioga: Amanda Brown
Dicas homeopáticas e de ervas: Julia Linfoot BSc MCPH RSHom

Atenção: As dicas deste livro são direcionadas a adultos saudáveis. O ideal é consultar um médico antes de começar um programa de perda de peso, principalmente se você tiver mais de 35 anos, estiver na faixa de sobrepeso ou obesidade, for sedentária, estiver grávida, amamentando, ou com algum problema de saúde. Se for gestante ou tiver um problema de saúde, não consuma ervas sem consultar um fitoterapeuta. Use apenas os óleos essenciais indicados e não ultrapasse a quantidade prescrita. Veja os cuidados sugeridos nas dicas e receitas. Não controle as calorias consumidas por uma criança ou um adolescente sem consultar um médico.

Dados Internacionais de Catalogação na Publicação (CIP)
(Câmara Brasileira do Livro, SP, Brasil)

Marriott, Susannah
  1001 maneiras de entrar em forma / Susannah Marriott; [tradução Cynthia Costa]. – São Paulo: Publifolha, 2010.

  Título original: 1001 ways to get in shape
  Bibliografia
  ISBN 978-85-7914-124-9
  1. Aptidão física 2. Exercício 3. Nutrição 4. Saúde I. Título.

09-10254   CDD-613.71

Índices para catálogo sistemático:
1. Exercício físico e saúde : Educação física 613.71

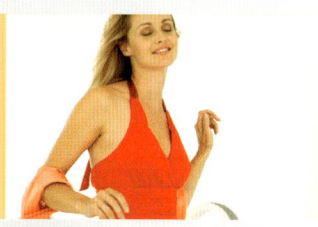

A grafia deste livro segue as regras do Novo Acordo Ortográfico da Língua Portuguesa.

PUBLIFOLHA
Divisão de Publicações do Grupo Folha
Al. Barão de Limeira, 401, 6º andar
CEP 01202-900, São Paulo, SP
Tel.: (11) 3224-2186/2187/2197
www.publifolha.com.br

Este livro foi impresso em dezembro de 2009 pela Corprint Gráfica sobre papel couché fosco 115 g/m².

SUMÁRIO

4 Introdução

7 Veja-se em forma
Grandes expectativas • Seja realista • Prazer, sofrimento não • A comida é sua amiga • Sinta-se magra • Motive-se • Administre as vontades

29 Saudável em casa
Acorde bem • Um bom café da manhã • Trabalhos domésticos • Remodele sua casa • Monte sua academia • Despensa inteligente • Plante seu alimento • Circuito de compras • Repense as compras • Cozinhe • Ginástica na cozinha • À mesa • Ajuste o guarda-roupa • Noite de cuidados • Desintoxique-se • Durma bem

79 Boa forma no trabalho
Postura consciente • Lanche no trabalho • Faça uma pausa • Incorpore exercícios • Marmita magra • Comer fora, comer bem • Almoço com exercício • Ative o cérebro à tarde • Revigore-se

113 Ativa ao ar livre
A caminho do trabalho • Dirigir e alongar-se • Vá a pé para a escola • Caminhe com gosto • Suba na bicicleta • Aventure-se

131 Divirta-se fazendo exercícios
Desligue a televisão • Anfitriã da saúde • É hora de dançar • Boa forma sem suor • Exercício ao ar livre • Desafio esportivo • Diversão na praia • Dicas para acampar • Iniciativas comunitárias

159 Saúde em família
Recupere a forma • Bebê ao ar livre • Pequenos serelepes • Relaxando • Desligue • Ativos em casa • Crianças ao ar livre • Sozinhos ao ar livre • Jogos sem times • Minicozinheiros • Hora da papinha • Comendo juntos • Festinhas de criança

189 Referências   189 Índice   192 Biografia da autora / Agradecimentos

Introdução

A vida moderna dificulta a conquista e a manutenção de uma boa forma física. Com o surgimento dos alimentos processados e das porções gigantes, muitas pessoas chegam a consumir até 200 calorias a mais por dia do que há cerca de 30 anos. E não queimamos calorias como no passado, graças às comidas prontas, aos períodos sedentários passados em frente ao computador, à cultura do trabalho sem hora para acabar e à vitória da tevê sobre outras atividades de lazer. Nos Estados Unidos, dois terços dos adultos estão acima do peso e, desses, mais de um terço é obeso; no Reino Unido, campeão em problemas de peso na Europa, um quarto dos adultos é obeso. A obesidade perde apenas para o cigarro na lista de fatores que levam à morte prematura. Um estudo apontou que pessoas obesas apresentam mais propensão à depressão, enquanto crianças que não praticam atividades físicas nem fazem as refeições com a família podem não se desenvolver tão bem intelectual, emocional e socialmente.

Como combatemos a obesidade?

Como escapar dessa tendência? A resposta é mais simples e acessível do que se imagina: basta incluir um pouco mais de atividade física no dia a dia, usar ingredientes naturais na cozinha e fazer as refeições na companhia dos familiares e amigos (longe da tevê). Na verdade, o que queima calorias, como mostrou um estudo da Universidade de Maastricht, na Holanda, não são sessões curtas e intensas de ginástica, mas sim aumentar gradativamente o tempo que você se exercita diariamente: estacionando o carro mais longe; cozinhando e cuidando da casa e das plantas; permanecendo mais tempo em pé. Além de tonificar os músculos, lubrificar as articulações e melhorar a postura e a coordenação motora, o exercício nos mantém em boa forma de maneira geral, reduzindo o risco de doenças no coração, diabetes tipo 2, câncer de mama e de cólon, pressão alta e osteoporose.

Qual é o papel da alimentação?

Para perder peso e não voltar a ganhar, é importante fazer uma reeducação alimentar e praticá-la pelo resto da vida. Mas isso não será um sacrifício se você se deixar seduzir pelo prazer que só uma boa comida oferece. Ao contrário: você se sentirá como se estivesse presenteando seu corpo, por isso funciona. Segundo a Organização Mundial de Saúde (OMS), os alimentos processados são aliados da obesidade e das doenças crônicas. Eles costumam ter excesso de gordura, açúcar, sal e calorias e, em geral, são pobres em nutrientes. Se seu cardápio é composto por alimentos naturais (legumes, frutas, leguminosas, cereais integrais e porções pequenas de carne, peixe e laticínios com baixo teor de gordura), fica fácil enxugar o excesso de peso e manter uma silhueta saudável, nutrindo corpo e mente. Além de despertar o paladar, você despertará os outros sentidos. Abasteça a despensa e a geladeira com alimentos frescos, coloridos e saborosos, vindos diretamente da natureza. Quando a comida do dia a dia é deliciosa, seu corpo fica leve e cheio de energia, e você não tem que se preocupar em ficar longe das guloseimas nem dos *fast foods*. Afinal, isso não vai preocupá-la mais; sua opção será pelas comidas que mantêm seu corpo em forma.

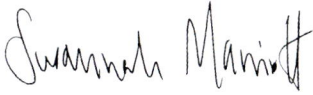

1 Veja-se em forma

Muita gente pensa que para entrar em forma é preciso frequentar uma academia de ginástica. As pesquisas apontam, porém, que essa conquista está mais próxima do que você imagina: está na sua cabeça. Só quando você der o passo inicial para mudar seu estilo de vida, mantendo a motivação, tornando-se mais ativa e se alimentando de forma saudável, conquistará o corpo tão sonhado. O truque é escolher uma atividade física de que você goste e descobrir as delícias da culinária balanceada. Depois de provar a comida saudável e experimentar o vigor que só os exercícios trazem, não vai querer mais abrir mão deles. Neste primeiro capítulo, você vai aprender a traçar metas realistas e alcançáveis, para segui-las e aproveitar a vida ao máximo.

Grandes expectativas

Para visualizar seu novo corpo, examine-se agora e imagine como gostaria de ser. Não se preocupe se já tentou perder peso outras vezes e não conseguiu. Há maneiras simples de mudar a sua percepção sobre si mesma, para que comece a se sentir – e a agir – como vencedora. Solte a imaginação, cultive o pensamento positivo, defina objetivos claros e não desista antes de alcançá-los.

1
Você já começou
Se leu o livro até aqui, parabéns: você está decidida a tornar sua vida mais saudável. Pesquisas mostram que quem se vê ativo e em forma tende a manter a qualidade de vida por mais tempo.

2
Use a imaginação
Feche os olhos e imagine-se correndo por uma linda praia. Sinta o oxigênio invadindo o corpo, a brisa refrescando o rosto, o coração batendo vigorosamente e os pulmões se expandindo. Se consegue imaginar esse bem-estar todo, você já está no caminho certo para se tornar mais ativa.

3
Estime suas metas
O que você tinha em mente quando comprou este livro? Escreva sua resposta. Trace metas específicas, por exemplo: "Não apenas perder peso, mas fortalecer os glúteos, consumir mais verduras, usar o biquíni novo com orgulho". Defina prazos para as metas. Uma pesquisa da Universidade de Aberdeen, na Escócia, apontou que pessoas com objetivos específicos conseguem perder mais peso do que aquelas que têm objetivos vagos.

4
Pense positivo
Use verbos de ação e palavras positivas para descrever suas metas: "Vou me alimentar melhor" em vez de "Preciso perder uns quilinhos".

5
Adote um mantra
Defina um objetivo e repita-o sempre. Por exemplo: "Hoje ficarei mais em pé que sentada; vou caminhar mais rápido; vou correr em vez de apenas andar".

6
Atenção à circunferência
Observe onde a gordura se acumula. A gordura abdominal, que se instala na cintura, é prejudicial à saúde – quando sentir que está engordando nesse local, é hora de agir.

7
Equilíbrio cintura/quadris
A proporção entre a medida da cintura e a dos quadris é um bom indicador da saúde do coração. Meça a cintura e a parte mais larga dos quadris. Divida, então, a medida da cintura pela do quadril. Nas mulheres, se o resultado estiver acima de 0,8 cm, há risco de doenças cardiovasculares e diabetes (nos homens, acima de 1 cm).

8
Calcule seu IMC
O IMC (Índice de Massa Corporal) aponta se você está fora do peso

considerado saudável. Divida seu peso pela altura ao quadrado. Se o resultado for acima de 25, é preciso emagrecer. Abaixo de 18,5 você está abaixo do peso ideal. A partir de 30, você está na faixa de obesidade e corre risco de desenvolver doenças. Acima de 35, vá ao médico. Por exemplo, quem mede 1,65 e pesa 70 quilos ($70 / 1{,}65^2 = 25{,}7$) está na faixa de sobrepeso.

9
Planeje as atividades
Organize suas atividades físicas num papel, definindo dias específicos para elas: 30 minutos na esteira, caminhada na hora do almoço, futebol com as crianças. Ao lado, anote o horário das aulas e o que precisa fazer com antecedência, como lavar a roupa de ginástica ou ligar para uma colega. Reserve também um espaço para descrever suas sensações após o exercício.

10
Diário de alimentação
Escreva um diário dividido em colunas: o que você comeu, onde comeu e na companhia de quem; e como se sentiu após a refeição. Depois de uma semana, observe

Solte a imaginação!
Sinta-se correndo por uma linda praia e desfrute dessa sensação.

Inclua atividades em seu dia a dia, desde limpar a casa até tocar algum instrumento.

sua rotina. Está comendo besteiras em frente à tevê ou quando sai com os amigos? Quando e onde se alimentou de maneira mais saudável? O que seria necessário para repetir isso? Segundo um estudo, pessoas que mantêm um diário comem cerca de 15% menos do que as que não têm controle algum.

11
Do que você precisa?

Para manter o corpo em forma, é preciso incluir ao menos 30 minutos de atividade física, cinco vezes por semana. Se já estiver praticando, aumente para 1 hora diária. Você pode dividir o tempo em exercícios intensos de 10 a 15 minutos. Para isso, não é preciso frequentar uma academia: atividades vigorosas como limpar a casa, subir uma ladeira carregando as compras e até tocar um instrumento também contam.

12
De olho na idade

Conforme envelhecemos, o corpo necessita de menos calorias diárias para se manter funcionando. Aos 30 e aos 40 anos, você precisa de 200 calorias a menos do que precisava aos 20. A partir dos 50, corte mais 200 calorias para se manter em forma.

13
Escreva seu futuro

Se gosta de escrever, elabore um texto sobre você e seu estilo de vida. Como introdução, descreva quem você é, o que faz, as pessoas ao seu redor e o que você gostaria de mudar. Seja sincera! Depois faça 12 capítulos, um para cada mês do ano seguinte. Pense no que gostaria que acontecesse e nos obstáculos que terá de superar. Agora, que tal postar num blog na internet? Você pode ganhar o apoio dos leitores.

Faça um diário: relate como é a sua vida atualmente e como gostaria que ela fosse nos próximos 12 meses.

Seja realista

Achar que vai revolucionar seu estilo de vida ou seu corpo da noite para o dia é o primeiro passo para o fracasso. Para ser bem-sucedida, também é preciso ser realista: adote pequenas mudanças que possam ser praticadas para sempre. Seu objetivo de longo prazo pode ser simplesmente manter o peso atual ou tonificar os músculos para ganhar formas mais bonitas.

14
Perda de peso

Para uma perda de peso permanente, não elimine mais de 5 a 10% de seu peso nos próximos seis meses. Essa quantidade é realista e possível de ser administrada e mantida.

15
Pouco a pouco

É considerado saudável perder até 450 g por semana. Você perderá esse peso se consumir diariamente de 500 a 600 calorias a menos do que requer o funcionamento de seu corpo. Para a mulher, significa 1.500 calorias diárias em média. Para o homem, 1.800.

16
Controle o ganho de peso

A maioria das pessoas ganha cerca de 900 g por ano. Você pode evitar isso consumindo 100 calorias a menos por dia – o que equivale a dois biscoitos a menos.

17
Não se assuste com os números

Os números são genéricos – repita isso quando se chocar com a marcação da balança ou da fita métrica. Se os números a deixam desanimada, brava ou intimidada, esqueça-os e passe a medir sua forma

Suba na balança apenas de vez em quando, não faça disso um hábito.

pelo caimento das roupas e por sua disposição e bem-estar físicos. Você não precisa de números para perceber que ganhou peso.

18
Pense em longo prazo

Não se pese todos os dias. Pese-se uma vez por semana ou a cada quinze dias. Assim, você se treinará a pensar em longo prazo. Se optar por medir o percentual de gordura corpórea, não o faça mais do que uma vez por mês. Mas não deixe de fazer seu diário de atividade física e alimentação: isso é fundamental.

Se preferir, esqueça a balança e apenas observe o caimento da roupa.

Correr ou caminhar ao ar livre é um dos caminhos para entrar em forma.

19
Anote
Ande com um caderninho para anotar tudo o que comer. Depois, passe para o diário da alimentação.

20
Um pouco menos é muito mais
Se seu médico a classificou como obesa, nada de pânico. Mesmo uma pequena perda de peso pode significar grandes ganhos, pois o nível de colesterol e a pressão sanguínea diminuirão, reduzindo assim o risco de doenças cardíacas e de diabetes.

21
Pequenas metas
Defina pequenas metas realistas que a conduzirão à sua meta maior. Elas têm de ser positivas e práticas e você deve anotá-las: comprar alimentos orgânicos, evitar o consumo de industrializados, andar de bicicleta, fazer uma sopa nutritiva etc. Delimite prazos para completar essas metas.

22
Pense todos os dias
Pequenas atitudes cotidianas, como deixar de comer um biscoito e caminhar no parque na hora do almoço, conduzem ao sucesso.

23
Consulte especialistas
Se prefere ouvir as recomendações de um especialista, procure um profissional de saúde. Você também pode contar as calorias de suas refeições em programas *on-line* disponíveis na internet, como o dos Vigilantes do Peso.

24
A regra 80/20
Aceite que você é um ser humano e, como tal, não é perfeito. Se você mantiver a dieta e os exercícios em 80% do tempo, perdoe-se pelas escorregadas que cometer nos outros 20%.

Prazer, sofrimento não

Dietas muito restritivas são condenadas ao fracasso. É difícil manter a privação por muito tempo, pois não somos programados para sofrer e sim para ter prazer. Porém, se você investir em comidas saudáveis, preparadas em casa com ingredientes frescos e saborosos, criará um regime alimentar ideal e permanente.

25
Fuja de dietas
Um estudo de 2007 mostrou que quem segue dietas temporárias ganha todo o peso que perdeu. O efeito ioiô também se relaciona com baixa imunidade, aumento da pressão e gradativo ganho de peso.

26
Esqueça a balança
A Escola de Saúde Pública da Universidade de Minnesota (EUA) concluiu que adolescentes que se pesam com maior frequência adotam estratégias de emagrecimento prejudiciais à saúde, como pular refeições, tomar remédios e provocar vômitos. Em cinco anos, as meninas que mais se pesavam ganharam quase o dobro de peso em relação às que não subiam tanto na balança.

27
Experimente florais
O Rock Water (ou Água de Fonte) é um floral de Bach menos conhecido, ideal para pessoas muito exigentes consigo mesmas, que não conseguem relaxar e se divertir. Se você controla sua alimentação com regras rígidas, esse floral pode ajudá-la a entender que a harmonia interna é mais poderosa do que um comportamento militar. Pingue quatro gotinhas na água e tome.

28
Busque o equilíbrio
Comer bem significa combinar todos os grupos alimentares: frutas e vegetais; cereais; carne, peixe ou alternativas vegetarianas; laticínios; doces e comidas gordurosas. Um terço de seu prato deve ser composto por frutas e vegetais; outro terço, por carboidratos. O restante pode ser completado por carne ou peixe, laticínios e uma pequena guloseima gordurosa ou frita/ou doce.

29
Coma mais!
Eliminar certos alimentos pode levar a alguma deficiência. O ideal é fazer uma dieta com mais nutrientes. Coma de 9 a 13 porções de frutas e vegetais por dia. Além de nutritivos, são ricos em água e fibras, que dão a sensação de saciedade, deixando menos espaço para alimentos que engordam.

30
Não passe fome
A fome faz recorrer a alimentos calóricos. Para evitá-la, faça três refeições moderadas por dia e pequenos lanches nos intervalos – coma algo a cada três horas. Um estudo sul-africano mostrou que homens que tomam um pequeno café da manhã e um lanche saudável antes do almoço comem 30% a menos de calorias nessa refeição.

Para emagrecer, é preferível **comer muitos alimentos saudáveis** a não comer nada.

31
Coma até ficar satisfeita
Comece a prestar atenção à diferença entre sentir-se saciada e sentir-se estufada. Pare de comer quando estiver satisfeita; não espere sentir-se desconfortável e sonolenta.

32
Reconheça a fome
Como é sentir fome? Você pode distingui-la do tédio e da ansiedade? Passe um dia sem comer até que seu estômago – não a sua cabeça – fique vazio.

33
Sente-se para comer
Encare as refeições como uma maneira de saborear e relaxar e não uma oportunidade de compensar carências – isso a fará consumir menos calorias. Torne esse momento especial: desligue a tevê, arrume a mesa, sente-se com postura e mastigue devagar.

34
Coma de forma consciente
Tenha consciência de tudo o que coloca na boca. É gostoso? Você realmente quer comer? Este alimento faz você se sentir bem? Se responder não a alguma dessas questões, feche a boca.

35
Cancele a academia
Se a academia é uma fonte constante de estresse e desgosto, cancele-a e pratique outro exercício que lhe dê prazer: andar de bicicleta, praticar jardinagem, dançar ou caminhar.

36
Atividades preferidas
Faça uma lista de todas as atividades que a fazem se sentir bem: dançar, andar a cavalo, caminhar na orla, visitar um lindo jardim, fazer sauna ou mesmo um banho de ofurô. Programe-se para realizar uma delas por semana no próximo mês.

Inclua um exercício prazeroso em sua rotina.

37
Flores que ajudam
Alguns florais australianos podem ajudar a diminuir a culpa e a

Pelo menos uma vez por semana, faça algo para se sentir bem.

vergonha que a impedem de saborear uma boa comida com prazer. Tome quatro gotinhas com água até que os sintomas diminuam.
- *Billy Goat Plum*: para insatisfação em relação ao corpo, repulsa de si mesma.
- *Sturt Desert Pea*: para culpa seguida de autoindulgência.
- *Bush Fuchsia*: para ouvir sua intuição sobre o quê e quando comer.

38
Mexa-se!

Entregue-se a uma atividade física de intensidade moderada por 30 minutos – você vai ver como uma sensação de leveza e bem-estar invadirá seu corpo e sua mente. Isso acontece porque uma espécie de anfetamina natural, a feniletilamina, é liberada pelo organismo.

39
Uva sagrada

Tomar uma taça de vinho tinto ou um copo de suco de uva natural durante a refeição traz um sabor especial ao momento, além de manter saudável o nível de colesterol e reduzir o risco de doenças coronárias. Atenção, porém: não se deve abusar para obter esses benefícios. A Organização Mundial de Saúde (OMS) recomenda uma taça de vinho dia sim, dia não. Beber mais que isso aumenta o risco de doenças do coração e do fígado.

A comida é sua amiga

Quando você se acostumar a ingerir comida de verdade, enxergará com outros olhos as refeições congeladas, tanto as que você mesma congela quanto as compradas prontas. A OMS atribui aos alimentos industrializados a responsabilidade pelo grande aumento da obesidade no mundo, já que a maioria deles contêm alto teor de açúcar, gordura vegetal hidronizada e sódio. Além disso, têm menos fibras e nutrientes do que os alimentos frescos.

Compre alimentos da estação: cada época tem um novo paladar.

40
Não aos industrializados

Procure consumir menos alimentos prontos. Escolha de um a dois dias por semana para não consumir industrializados, evitando passar pelas prateleiras "proibidas" do supermercado. Siga receitas e prepare você mesma seus pratos favoritos, como carne assada, moqueca de peixe e lasanha, e convide os familiares para provar a diferença.

41
É época de...

Uma maneira de driblar a vontade de consumir comidas prontas é comprar frutas e vegetais de época. Frequente feiras livres ou concentre sua compra nas gôndolas de legumes, frutas e peixes do supermercado. Pesquise sobre a época de cada alimento para saber quando comprá-los.

42
Concentre-se no sabor

Procure comprar alimentos naturais, como frutas e vegetais frescos, e prepará-los em casa. Assim, você se livra da obrigação de ler os ingredientes nos rótulos – como a quantidade de nutrientes, gordura, açúcar e sal –, e apenas terá o prazer de degustar a comida, sem se preocupar com a questão da saúde.

Aproveite as oportunidades para fazer uma refeição em família.

43
Isto é comida?!
Michael Pollan, crítico de hábitos alimentares, diz que não devemos comer nada que as nossas avós não reconheceriam como comida, como barrinhas de cereais, bolinhos prontos, cereais multicoloridos. Esses produtos levam muitos aditivos, corantes e conservantes.

44
Espelhe-se em seus ancestrais
A Organização Mundial de Saúde (OMS) aponta não somente a comida industrializada, mas também a mudança de hábitos alimentares, como causas da obesidade. Almoçar em frente à tevê é um exemplo. Para erradicar problemas como esse, faça como seus avós: organize um almoço em família, depois faça a sesta ou uma caminhada digestiva.

45
Reconheça os alimentos
Procure passar um dia comendo apenas alimentos naturais e de aspecto reconhecível, como tomate, maçã, ovo, peixe e arroz. Assim você evita os industrializados, muitas vezes de aspecto um tanto duvidoso.

46
Carne mais pura
Se você come carne, procure a de melhor qualidade. Nada de carnes processadas, como salsicha. Escolha um corte específico no açougue; verá que a carne tem um sabor melhor, com mais nutrientes. Uma pesquisa da Universidade do Havaí, feita com 200 mil pessoas, mostrou que o consumo de carnes processadas aumenta em 67% o risco de câncer do pâncreas.

47
Dieta tradicional
Não importa se é portuguesa, italiana, espanhola, alemã, japonesa ou simplesmente regional: a culinária herdada por sua família deixará você em boa forma mais facilmente do que as comidas industrializadas atuais. Então, compre um livro de receitas tradicionais e mãos à obra!

48
Saboreie nas ocasiões especiais
Não fique tão rígida na contagem de calorias a ponto de prejudicar ocasiões especiais. Se é seu aniversário, você merece chocolate, bolo e champanhe. No dia seguinte, retome a sua dieta saudável.

49
Crie um blog
Divulgue seu desafio pela internet, pois assim receberá muito apoio. A vendedora Julie Powell, por exemplo, decidiu testar todas as

receitas do clássico *Mastering the Art of French Cooking*, de Julia Child. Ela não só redescobriu a alegria de viver como dividiu sua experiência no livro *Julie & Julia: 365 dias, 524 Receitas e uma Cozinha Apertada*, que virou até filme.

50
Corte os suplementos
Se parar de tomar suplementos vitamínicos, você se forçará a incluir nutrientes na dieta, comendo mais frutas e vegetais. Quando combinados entre si, os nutrientes contidos nos alimentos são mais facilmente absorvidos pelo organismo do que os suplementos.

51
Redescubra suas paixões
Adora a culinária tailandesa? Então aprenda a cozinhar com um *chef*. Não vive sem pizza? Pois então presenteie-se com uma viagem à Itália!

52
Sem segredo
Ingredientes de qualidade preparados de maneira simples são o segredo da boa mesa. Para um almoço rápido e saudável, prepare uma salada variada, queijo, azeitonas, pão italiano, peixe grelhado e fruta fresca.

Aprenda a cozinhar com amor seus pratos favoritos.

Simples porém sofisticado: ingredientes de qualidade compõem uma refeição saudável.

Sinta-se magra

Pesquisas mostram que o excesso de peso está relacionado a sentimentos depressivos, especialmente nas mulheres. O caminho é de mão dupla: o sobrepeso torna o exercício mais sacrificado e eleva em 20% o risco de depressão; a depressão pode conduzir à letargia e abrir o apetite. Veja a seguir algumas dicas para ajudá-la a afastar o desânimo e a sentir-se feliz com a silhueta.

Aprender algo novo mantém o corpo e a mente ativos e aumenta a autoestima.

53
Alimentos antiansiedade
O aminoácido triptofano auxilia o cérebro a produzir a serotonina, um neurotransmissor que pode amenizar a ansiedade. Ele é encontrado na tâmara, na banana, na manga e nas sementes de gergelim, girassol e abóbora.

54
Chocolate no cérebro
Alguns quadradinhos de chocolate amargo podem ajudá-la a resgatar a alegria de viver. Os flavonoides do cacau melhoram a atenção, enquanto o aminoácido GABA reduz a ansiedade. O chocolate também contém triptofano (veja a dica 53). Mas cuidado: nada disso vale para as barras ultracalóricas, com excesso de açúcar, leite e recheios.

O chocolate amargo com pelo menos 70% de cacau melhora o humor.

55
Não se censure
Pessoas muito autocríticas e adeptas de pensamentos negativos condenam-se ao fracasso, enquanto atitudes positivas estão relacionadas à perda de peso a longo prazo. Se a primeira coisa que vem à sua cabeça após perder uma aula de ginástica é "Nunca vou alcançar meu objetivo", mude de atitude. Tenha um pensamento mais otimista, perguntando-se "Quando posso repor essa aula?" ou "Como evitar a falta na próxima vez?". Os otimistas tendem a ser menos passivos do que os pessimistas, como mostrou um estudo da Universidade de Pittsburgh, pois encaram os reveses como temporários e acreditam que agir é muito importante.

56
Não se preocupe
O cortisol, hormônio do estresse, contribui para o acúmulo de gordura no abdome. Recorra a técnicas de relaxamento, como massagem e meditação, que ajudam a emagrecer.

57
Faça cerâmica
Você não precisa encarar uma sessão pesada de exercícios para se expressar por meio do corpo e cultivar a sensação de objetivo cumprido. Moldar cerâmica, por exemplo, pode ser uma maneira divertida de explorar o corpo, principalmente se seu peso a desanima. Ir moldando a cerâmica no torno melhora a coordenação e o equilíbrio, fortalece os membros superiores do corpo e os músculos centrais do abdome.

59
Respiração relaxante
Quando estiver estressada, sente-se e repouse a palma das mãos no baixo ventre. Respire fundo. Enquanto expira, abra bem a boca e deixe o som "AAAHHH" sair. Direcione-o para o lado oposto do cômodo e libere as tensões. Ao inspirar, imagine que o oxigênio refrescante neutraliza qualquer tensão. Repita até se sentir revigorada.

60
Óleo estimulante
Coloque 3 ou 4 gotas de óleo essencial de laranja ou de outro óleo cítrico em um difusor para que o aroma se espalhe pelo ambiente (ou use um *spray*). Pratique posições vigorosas de ioga, entoe mantras ou apenas relaxe. O aroma cítrico estimula a mente.

61
Flores divertidas
O floral californiano *Zinnia*, estimula a leveza, o bom humor e o senso de diversão, que podem estar faltando

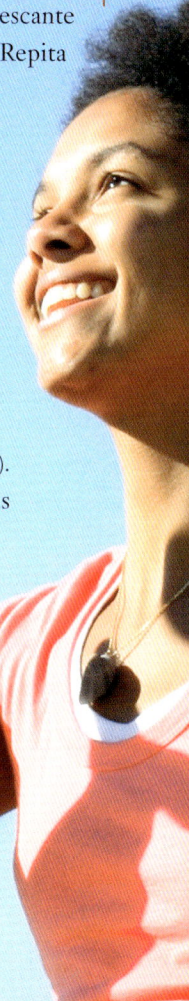

58
Malabarismo
Enquanto tenta manter as bolinhas no ar, você nem se lembra que está se exercitando. Um estudo japonês descobriu que o malabarismo é especialmente indicado para mulheres com distúrbios de ansiedade. Pratique em casa ou em aulas de circo.

Meditação dinâmica: o malabarismo reduz a tensão e a ansiedade e ainda mantém você em forma.

caso você seja muito séria ou lide com problemas de outras pessoas. Misture 4 gotinhas na água e beba para amenizar o negativismo.

62
Mesmo triste, sorria
Aparente felicidade: você vai relaxar e se sentir melhor, como apontam alguns estudos. Para conseguir sorrir, lembre-se de um fato recente: a atitude divertida de uma criança ou um elogio no trabalho.

63
Ioga do riso
Há cerca de 5 mil clubes do riso espalhados por 40 países, inclusive no Brasil. Rir melhora o humor, exercita o pulmão, corrige a postura e suaviza a tensão. Para conhecê-los, assista a vídeos de ioga do riso no YouTube.

64
Brinque com a garotada
Um estudo da Carolina do Norte (EUA) mostrou que crianças acima do peso há muito tempo têm maior risco de ficar depressivas, em particular os meninos. Reserve um tempo para jogar bola ou andar de bicicleta com seu filho. Assim, você combate o sedentarismo e melhora a autoestima dele, além de compartilhar momentos divertidos e felizes.

65
Xô tristeza!
Se estiver se sentindo desanimada, faça de 10 a 15 minutos de exercício. Seu corpo produzirá endorfinas que levantarão naturalmente seu humor.

66
Equilibre as gorduras
O ácido graxo ômega-6, encontrado principalmente nos óleos de açafrão, milho e girassol, é essencial para a saúde. Mas, em excesso, bloqueia a absorção de outra gordura essencial, a ômega-3. A falta desta pode levar à depressão e a doenças do coração. O ideal é que o corpo receba quantidades similares das duas, mas a alimentação ocidental costuma conter de 20 a 30 vezes mais ômega-6. Para equilibrar, elimine comidas processadas, ricas em óleos vegetais,

Sementes de abóbora contêm triptofano e são uma ótima fonte de ômega-3.

e coma mais peixes gordurosos, castanhas e sementes de abóbora, linhaça e cânhamo (e seus óleos).

67
Gorduras amigas
Uma dieta pobre em gorduras pode gerar depressão, pois as gorduras produzem hormônios que liberam a serotonina, trazendo bem-estar. Prefira a gordura natural de peixes como sardinha, anchova, tainha, cavalinha, atum e salmão.

68
Comida para confortar
Os carboidratos ajudam a confortar quando estamos tristes. Eles estimulam a produção de serotonina no cérebro e no sistema nervoso, combatendo a depressão. Prefira carboidratos saudáveis, como aveia, grãos integrais e castanhas. Doces também estimulam a liberação de endorfinas, ajudando a lidar com a angústia – mas não exagere, opte por frutas frescas ou secas.

69
Resista aos apelos
O apelo comercial do brinquedo que acompanha as promoções do Mc Donald's e similares incentiva as crianças a preferirem *fast food* em vez de comidas de verdade. O mesmo vale para o seu *happy hour*: evite bebidas e aperitivos calóricos.

Motive-se

A motivação é uma ferramenta vital na busca pela boa forma. Se você não abraçar permanentemente um novo estilo de vida, a dieta será seguida por um rápido ganho de peso, e até o mais eficaz dos exercícios pode não dar resultado. Veja as seguintes dicas para passar da intenção à ação. Lembre-se de que quem se exercita regularmente o faz sem pensar, não fica sabotando esse dever.

Exercitar-se em companhia de outras pessoas ajuda a manter o foco e a motivação.

70
Planejamento
Estudos mostram que, à medida que praticamos exercícios com regularidade, torna-se mais fácil continuar a se exercitar. São necessárias apenas 21 sessões para que a atividade se torne algo natural em nossa vida. Pessoas que conquistam esse hábito escolhem um lugar e horário convenientes para praticar e não permitem que obstáculos como excesso de trabalho ou chuva atrapalhem a sua rotina.

71
Pense nos benefícios
Poucas pessoas gostam de um exercício logo de cara. As que perseveram, tornando-o uma rotina, são aquelas que conseguem se convencer a continuar. Faça uma lista dos benefícios que ganhará se conquistar a forma desejada e coloque-a num lugar visível, como ao lado do espelho do banheiro ou na porta da geladeira. Leia sempre.

72
Escolha uma foto
Há quem reaja melhor a fotos do que a palavras. Você tem uma foto em que está esbelta e feliz, de férias, talvez? Coloque-a ao lado da lista.

73
Busque apoio
Em grupo é mais fácil se exercitar ou perder peso: você não terá vontade de abandonar a rotina.

Encontre uma foto em que você aparece em forma e observe-a para se sentir motivada.

74
Participe de um grupo
Fazer parte de um grupo de emagrecimento pode trazer a motivação de que você precisa: cardápios balanceados, aulas de culinária e dicas de exercícios, além de palestras, encontros regulares, coleguismo e líderes que já passaram por todo esse processo.

75
Parceria virtual
Há *sites* que podem ajudá-la a emagrecer, com dicas de alimentação e fóruns de discussão para encontrar pessoas na mesma situação, e você pode se corresponder com elas todos os dias.

76
Renove sua motivação
Quando a motivação estiver em baixa, procure lembrar-se dos verdadeiros motivos que a levaram a querer perder peso. Escreva-os e leia-os sempre.

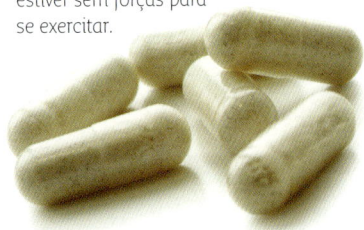

Experimente ginseng siberiano para ganhar energia quando estiver sem forças para se exercitar.

O contato diário com um amigo virtual pode ajudá-la a manter seu objetivo.

77
Ignore sua voz interior
Monitore-se. Quando sua voz interior disser "já tentei isso antes e não deu certo", silencie-a e lembre-se de algo positivo que conquistou na semana.

78
Pense nos outros
Liste os benefícios que trará às pessoas que ama se você alcançar seus objetivos. Você vai ter mais energia para o seu parceiro (melhorando até a vida sexual) e para brincar com seus filhos? E seus colegas de trabalho, vão se beneficiar se você ficar mais autoconfiante?

79
Recompensas
Pesquisas mostram que recompensar o bom comportamento é muito mais efetivo do que punir o mau comportamento quando se trata de perder peso.

80
Liste seus prêmios
Recompensas que não incluam comida são bem-vindas caso você associe felicidade a alimentos calóricos. Premie-se com pequenos mimos todos os dias – por exemplo 10 minutos a mais na cama –, com mimos maiores quando precisar de motivação e se dê algo realmente significativo quando finalmente tiver alcançado uma meta (pode ser uma viagem de fim de semana ou uma bolsa nova).

81
Tônico energético
Se você se sentir sem energia para se exercitar, experimente tomar ginseng siberiano (*Eleutherococcus senticosus*), que pode aumentar a histamina e a habilidade de lidar com o estresse. Há em cápsulas ou gotas; tome conforme indicado.

82
Consulte um homeopata
Se a falta de energia se tornar um problema, consulte seu médico. A síndrome da fadiga crônica responde bem ao tratamento homeopático.

83
Coragem!
Se você precisa vencer a apatia e os adiamentos de compromissos, experimente um dos seguintes florais

californianos. Coloque 2 gotas de cada em um pouco de água e tome até os sintomas diminuírem. Eles são fortes, então use com parcimônia!
• *Blackberry*: ajuda na manifestação de ideias e no poder de decisão.
• *Cayenne*: catalisa a mudança.
• *Tansy*: reduz a letargia e promove a ação.

84
Sintonize-se
Após a corrida, a aula de ioga ou o passeio com o cachorro, feche os olhos por 30 segundos e sinta seu corpo. Está satisfeita e tranquila? Quando a pulsação normalizar, feche os olhos e relembre essa sensação.

85
Interaja com sua família
Conquiste o apoio da família em sua mudança de estilo de vida. Planeje atividades divertidas com eles, como natação e andar de *skate*.

86
Apoio profissional
Que tal contratar um profissional – *personal trainer*, nutricionista, psicólogo – para mantê-la motivada?

87
Orientação espiritual
Receba orientações sobre meditação e autoconhecimento em um centro espírita, templo budista ou outra linha qualquer com que se identifique.

88
Posição do guerreiro
Para ganhar a determinação de um guerreiro, fique em pé e afaste os pés até a largura do quadril. Respire profundamente, inspirando e expirando. Na próxima inspiração, separe bem as pernas e abra os braços na altura dos ombros. Vire o pé esquerdo um pouco para dentro e o direito a 90° em relação ao tronco. Expire, olhe para um ponto determinado na direção de seu braço direito e dobre o joelho direito nessa mesma direção. Respire cinco vezes e repita o procedimento para o lado esquerdo.

Planeje atividades divertidas para incluir sua família no novo estilo de vida.

24 VEJA-SE EM FORMA

Administre as vontades

É fácil driblar um estilo de vida mais saudável. Veja por exemplo esta estatística de abandono do cigarro: no Reino Unido, 50% dos ex-fumantes conseguem ficar sem cigarro por algum tempo, mas apenas 15% por um ano. A seguir, confira dicas para lidar com o desejo reprimido.

89
Não perca o controle
Se perder o controle e tomar um pote inteiro de sorvete, pode acabar chutando o balde de vez e comer também um pacote de biscoitos, imaginando que retomará a dieta no dia seguinte. Fique atenta, pois a mente tenta achar atalhos para escapar à restrição. Portanto, pense duas vezes antes de ceder à tentação.

Desapegue-se dos vícios praticando meditação.

90
Ame seu futuro
Não enxergue um lapso como prova de fraqueza, projetando-o em suas ações futuras. É assim que pensam os viciados. Se você achar que o erro faz parte de você, abrirá uma oportunidade para falhar sempre. Confie em seu poder de transformação e aumente sua chance de sucesso.

91
Medite
Na crise, a meditação traz calma, pois interfere no sistema nervoso parassimpático, reduzindo o estresse do corpo e encorajando-a a encarar seu comportamento com honestidade, sem raiva ou culpa.

92
Meditação da tela
Feche os olhos e imagine uma tela na qual você projetará seus pensamentos. Observe suas faltas e culpas por algum tempo, como se estivesse assistindo a um filme. Agora se desapegue delas. Elas ainda estão lá, mas não deixe que sua mente as siga. Elas não são você. Pense no que você é sem elas. Tente se conectar em seu "eu profundo".

93
Redescubra sua fé
Estudos apontam que frequentar eventos religiosos influencia o estilo de vida de maneira positiva, inclusive mantendo ex-fumantes longe do cigarro. Conseguiria resgatar sua fé e aprofundar sua vida espiritual? Ir à igreja ou ao templo e receber o apoio da comunidade é especialmente benéfico.

94
O poder da oração
A oração adotada pelos Alcoólicos Anônimos (AA) os ajuda a encarar as dificuldades do dia a dia: "Deus, dai-me serenidade para aceitar aquilo que eu não posso mudar, coragem para mudar o que eu puder e sabedoria para distinguir a diferença".

95
Ioga amiga
Procure aulas práticas de ioga Satynanda (ou as assista no DVD). Essa modalidade ajuda a superar as distrações da mente e ensina a abraçar uma *sankalpa* ("resolução positiva").

96
Ioga relaxante
Sente-se com as pernas cruzadas e realize esta sequência com calma. Se não conseguir alcançar o chão no primeiro passo, coloque uma cadeira em frente e alongue-se em direção ao assento.
Alongue-se sobre o joelho direito, mantendo o esquerdo para baixo e as nádegas no chão. Repita com o joelho esquerdo e depois para frente.
Deite-se e estique os braços acima da cabeça ou para os lados. Respire suavemente. Sente-se, cruze a outra perna por cima e repita o alongamento.
Para terminar, ainda deitada, descruze as pernas, traga os joelhos sobre o peito e balance de um lado para o outro, massageando a lombar.

97
Ervas calmantes
Para amenizar a ansiedade ao parar de fumar (ou ao abrir mão de qualquer escape emocional), experimente

98
Pratique agachamentos
Faça estes exercícios extenuantes para desviar sua mente da tentação e concentrá-la no trabalho dolorido de glúteos e coxas. Realize três séries de 5 a 10 repetições de cada um.

1. Em pé, com pés afastados até a largura do quadril, segure um peso leve em cada mão. Flexione os joelhos e incline-se, mantendo as costas retas. Pressione os calcanhares para se erguer.

2. Repita com os braços acima da cabeça, segurando um pano para mantê-los esticados. Olhe para frente e mantenha os joelhos alinhados com os pés.

3. Na ponta dos pés, com os braços esticados à frente, agache-se, mantendo os calcanhares elevados. Ainda na ponta dos pés, tente voltar à posição inicial.

Alimentos ricos em magnésio, como as amêndoas, ajudam a conter os desejos.

combinar as ervas *Avena sativa*, escutelária e valeriana, que auxiliam o sistema nervoso, mantendo-o em equilíbrio. Pingue 5 gotas do extrato de cada erva num copo com água e beba duas vezes ao dia.

99
Para evitar o açúcar
Se você adora doces, o floral australiano *Peach Flowered Tea Tree* pode ajudar. Ele reduz a vontade de açúcar e as variações de humor causadas pelo efeito ioiô da glicose sanguínea. Já o *Wedding Bush* auxilia no comprometimento com o exercício e a dieta. Pingue 4 gotas num pouco de água e beba até diminuir os sintomas.

100
Bom humor
Estudos sobre o fumo relatam que o mau humor é a segunda causa que leva o ex-fumante a romper a abstinência (a primeira são as coisas que "convidam" ao cigarro, como a bebida). Portanto, capriche no bom humor com as estratégias das páginas 18-20.

101
Mais magnésio
A deficiência de magnésio pode contribuir para o desejo de comer algo no período pré--menstrual. Encontre sua dose desse mineral em sementes de abóbora, castanhas-do-pará, amêndoas e castanhas de caju. Consuma também espinafre e peixe, em especial cru.

102
Só 10 minutinhos
Para superar a vontade de comer algo, faça 10 minutos de uma atividade cansativa, como subir e descer escadas na pausa do trabalho. Isso conta como exercício, e quem faz uma vez costuma fazer outras.

103
Horário de pico
A compulsão por comida costuma atingir seu pico no fim da tarde e começo da noite. Crie estratégias para se distrair com antecedência, assim não sucumbirá à vontade.

104
Distrações que funcionam
Distrair-se com algo fútil ou "apimentado" pode funcionar melhor: contos eróticos, *sites* de fofoca, sexo virtual ou uma voltinha numa loja de sapatos.

Distraia-se da vontade de comer permitindo-se ter um prazer!

105
Entrega em domicílio
Se você fica com vontades mil no supermercado, pare de frequentá-lo e compre *on-line*, assim tudo será entregue na sua casa. Coloque apenas alimentos saudáveis no carrinho virtual, sem tentação nem culpa. Outra opção é comprar na feira, que tem poucos produtos industrializados.

106
Escove os dentes
Logo depois da refeição, escove os dentes. Quando senti-los lisinhos, você vai pensar duas vezes antes de comer de novo. Isso também funciona para quem não quer repetir a taça de vinho.

107
Mande uma mensagem
Quando ceder a uma tentação, confidencie para uma amiga. Da próxima vez que sentir uma vontade, fale com ela antes de ceder. Um estudo com fumantes provou a eficácia dessa técnica.

108
Abordagem cognitiva
Estudos com fumantes apontaram que os lapsos não são evitados com estratégias comportamentais, como tomar água e respirar fundo, mas realizando mudanças no padrão de pensamento. Pense em você como uma pessoa ativa, relembre as razões que a levaram a mudar de estilo de vida, tenha atitudes positivas e distraia a sua mente.

109
Exercício para distrair a mente
Compre dois óculos coloridos de brinquedo: os "óculos da vontade" e os "óculos da saúde". Coloque os da vontade quando estiver tentada a assistir à tevê em vez de ir para a academia, ou quando quiser comer chocolate. Depois coloque os da saúde: consegue ver como se sentirá melhor depois da aula e como se sentirá mal se comer a barra de chocolate?

110
Desafios reflexivos
Liste os desafios que dificultam a conquista de seus objetivos: "Eu saio da linha quando tomo uma taça de vinho"; "Não consigo ir para academia depois do trabalho"; "Não tem ninguém para ficar com as crianças". Pense em alternativas para cada um deles, como num mapa mental. Por exemplo, se você não tem babá, leve seu bebê para o parque e corra empurrando o carrinho.

111
Qualidade, não quantidade
Invista em produtos de qualidade para suas guloseimas favoritas: um sofisticado chocolate meio-amargo ou uma torta da melhor doceria da cidade, por exemplo. Você se sentirá muito mais satisfeita com menos.

Guloseimas de primeira satisfazem mais rápido, de modo que não é preciso comer muito.

2 Saudável em casa

O tempo tornou-se uma preciosidade escassa. Parece não haver horas suficientes num dia para trabalhar, fazer compras, cozinhar, ir para a academia e cuidar das crianças. No Brasil, trabalha-se cerca de 8 horas por dia, sem contar as horas extras e o tempo que se perde no trânsito. Pesquisas mostram que longos períodos trabalhando podem levar à exaustão e à depressão, deixando o corpo e a mente fatigados. Além disso, quanto mais se trabalha, maior é a chance de se estatelar no sofá à noite, em frente da tevê, em vez de se exercitar e comer um prato saudável. Este capítulo traz dicas para você não cair nesse ciclo vicioso e aproveitar o espaço de sua casa para investir no seu corpo.

Acorde bem

Cada dia é um recomeço. Se você for muito ocupada, uma aula leve de ioga ou um passeio com o cachorro podem ser as primeiras atividades de seu dia. Se deixar essas tarefas para depois, elas vão ganhar um caráter de urgência. Um estudo da Universidade de Glasgow (Escócia) mostrou que pessoas que se exercitam pela manhã melhoram o humor em 30%, bem mais do que aquelas que deixam os exercícios para a noite.

112
Acerte o despertador

Segundo especialistas, acordar todos os dias no mesmo horário, inclusive nos fins de semana, faz com que nos sintamos mais revigorados e alertas. Além disso, criar uma rotina regula o ritmo circadiano – o relógio interno que determina o despertar, o sono e os padrões alimentares.

113
Desperte antes do sol

Segundo os praticantes da aiurveda, a antiga medicina indiana, acordar antes do nascer do sol aumenta a energia, pois estimula a *vata* (a energia do movimento e da atividade), que atinge seu pico das 2 da manhã até o alvorecer.

114
Luz do alvorecer

Se você mora numa rua escura, durma com as cortinas abertas para ir despertando com a claridade do amanhecer. Algumas pessoas sentem-se menos deprimidas e mais alertas usando despertadores luminosos que simulam o nascer do sol.

115
Ganhe minutos pela manhã

Programe seu despertador para 15 minutos antes a cada três dias. Em até duas semanas, você terá ganhado uma hora a mais por dia. Use esse tempo para fazer um exercício suave e revigorante e comece bem a sua jornada.

Aproveite a energia natural do seu corpo ao despertar pela manhã.

116
Beba água
Depois de uma noite de sono, seu corpo pode estar desidratado. Beba um belo copo de água e "acorde" os sistemas digestivo e excretor.

117
Pensamento matinal
Enquanto os outros moradores da casa ainda não acordaram, prepare a mente para mais um dia. Sente-se com as pernas cruzadas e a coluna ereta. Pouse o dorso das mãos sobre os joelhos, feche os olhos e sinta a respiração, observando o ar fresco entrar pelas narinas. Enquanto inspira, repita silenciosamente seu objetivo do dia, por exemplo: "Vou encarar os obstáculos com energia".

118
Acorde os pés
Antes do exercício matinal, acorde os pés com uma rápida massagem, usando seu hidratante favorito.
Apoie um pé sobre o joelho oposto e massageie-o com o creme. Faça movimentos longos com as duas palmas, passando pela sola, dedos, peito do pé e todo o calcanhar.
Segurando o peito do pé com os dedos, pressione os polegares na sola, desenhando pequenos círculos ao longo das laterais, do calcanhar à base dos dedos.
Massageie todos os dedos, alongando o dedão e pressionando a ponta. Finalize fazendo círculos com o pé para um lado e para o outro. Repita com o outro pé.

119
Ioga com aroma
Aromatizar a toalha que usa para fazer ioga com uma essência estimulante pode ajudá-la a manter a rotina matinal. Cedro ajuda a meditar e a se motivar; alecrim limpa a mente e combate a letargia; gerânio levanta o humor. Use apenas óleos de boa qualidade.

2 colheres (sopa) de óleo de semente de uva
3 gotas dos óleos essenciais de cedro, alecrim e gerânio

Coloque o óleo de semente de uva numa garrafa com bico de *spray* e pingue os três óleos essenciais. Acrescente 3 colheres (sopa) de água. Tampe e agite. Borrife ao redor da toalha antes da aula. Conserve a garrafa na geladeira por até uma semana.

120
Ioga digestiva
Sente-se com as pernas cruzadas e o dorso das mãos sobre os joelhos. Alongue a parte de trás do pescoço, corrigindo a posição da coluna e do queixo. Expire com força e, prendendo a respiração, contraia o abdome, como se fosse encostar o umbigo na coluna. Relaxe e inspire. (Não faça esse exercício se tiver problemas de saúde mais sérios do que pequenos incômodos digestivos.)

Aumente o poder revigorante da ducha usando sabonete líquido de hortelã-pimenta.

121
Sabonete de hortelã-pimenta
Para um banho ainda mais revigorante, pingue 2 gotas de óleo essencial de hortelã-pimenta em 2 colheres (sopa) de sabonete líquido neutro na hora de usar. (Não faça isso se estiver grávida, amamentando ou se tiver pele sensível.)

Realce sua face com um toque especial todos os dias.

122
Banho de alecrim
Para espantar a preguiça matinal, a tradição aiurvédica aposta no banho de alecrim. Faça um macinho de alecrim e coloque embaixo da saída de água enquanto a banheira enche.

123
Festa no banheiro
Para estimular a circulação, coloque uma música e dance enquanto se seca. Dê socos no ar, desenhe círculos com os ombros, bata as asas como um pássaro, levante os joelhos, bata no peito como o Tarzan e chacoalhe os membros, as mãos e os pés.

124
Dentes limpos, artérias limpas
Estudos apontam que problemas na gengiva aumentam o risco de doenças do coração (a bactéria presente na placa foi encontrada na gordura que entope as artérias). Portanto, antes de escovar os dentes, passe o fio dental com cuidado para manter a gengiva e o coração saudáveis. Continue, mesmo se a gengiva sangrar; depois de alguns dias ela estará mais resistente.

125
Truques de maquiagem
Realçar a beleza desviará seu olhar das pequenas imperfeições. Ao se maquiar, realce as maçãs da face com um *blush* leve, capriche nos olhos ou passe um lindo batom para chamar a atenção para os seus lábios.

126
Exercício facial
Muitas mulheres apostam nos exercícios para os músculos da face, pois a mantém em forma por décadas. Veja a seguir alguns exercícios matinais para os olhos.
Com a cabeça imóvel, olhe para cima e para baixo, depois para a esquerda e para a direita. Olhe para cima à esquerda e à direita e para baixo, também dos dois lados. Faça círculos com o olhar, como se estivesse contornando um relógio. Repita em sentido anti-horário.
Abra bem os olhos, sem levantar as sobrancelhas. Mantendo-os abertos, abra bem a boca e ponha a língua para fora. Ela consegue tocar o queixo?
Feche os olhos e faça careta para relaxar. Repita o passo 2.

Um bom café da manhã

Um estudo americano revelou que quem toma café da manhã consome mais vitaminas, minerais e cereais integrais. Pessoas que pulam essa refeição tendem a ganhar peso. Algumas pesquisas indicam que comer pela manhã leva à perda de peso em longo prazo, porém, nem todos os cafés da manhã são bons…

127
Na noite anterior
Coloque a mesa do café da manhã de véspera, poupando, assim, minutos preciosos do seu sono da manhã. Para atrair os que não estão habituados com essa refeição, coloque umas fatias de pão integral na torradeira e ligue-a. O cheiro irresistível de pão torrado vai invadir a casa e ninguém resistirá a consumir fibras logo cedo.

128
Estômagos sensíveis
Se você não consegue comer de manhã, tome uma xícara de chá de camomila 30 minutos antes. Acalma a digestão e previne náuseas.

129
Melhore seu apetite
A babosa (*Aloe vera*) estimula a produção de bile, ajudando na digestão. Se você sofre de prisão de ventre ou falta de apetite pela manhã, experimente tomar cápsulas, extrato ou gel de babosa.

130
Fontes de fibras
O consumo de fibras de cereais integrais diminui o risco de doenças cardiovasculares e diabetes tipo 2. Estudos indicam que também desacelera o ganho de peso e mantém o IMC (veja dica 8) saudável. Leia as embalagens e procure cereais com pelo menos 4 g de fibras por porção.

131
Meça a porção
Fique de olho nas quantidades. O cereal matinal que você põe no prato tem a quantidade de calorias indicada na caixa? Não? Então retire um pouco e consuma com parcimônia. Se for o caso, utilize um prato menor.

132
Aveia é saudável
Os grãos integrais são uma arma contra doenças coronárias e colesterol alto, além de regular a pressão sanguínea e tratar o diabetes tipo 2, mantendo o peso saudável. Portanto, caprice no mingau de aveia!

Comece bem o dia: tome um café da manhã nutritivo com a família.

133
Mingau de frutas

Apesar de ser pobre em açúcar e gordura, é gostoso e capaz de matar a fome (sentindo-se satisfeita no café da manhã, você consumirá menos calorias ao longo do dia). Os pêssegos e a banana garantem o sabor doce. Rende 4 porções.

1 caneca grande de cereais integrais
2 ½ canecas de leite desnatado ou semidesnatado
1 porção de pêssegos picados
1 banana fatiada
8 sementes de cardamomo

Leve os cereais e o leite ao fogo baixo numa panela grande. Acrescente as frutas e misture. Amasse as sementes de cardamomo num pilão e adicione ao mingau. Deixe ferver, mexendo sempre. Retire do fogo e deixe descansar por 5 minutos para que os cereais estufem. Se quiser, acrescente um pouco de mel ou melado e sirva.

134
Beba leite

Para manter os ossos e a pressão arterial saudáveis, você precisa de 500 ml de leite diários (ou 2 copos de iogurte, ou 80 g de queijo).

O cálcio constrói a massa óssea até os 30-35 anos; depois disso a mantém, garantindo os movimentos até idades mais avançadas. Opções: o tradicional café com leite, cereal com leite, iogurte natural ou pão integral com queijo.

135
Leite mais magro

As versões semidesnatada e desnatada contêm todo o cálcio de que o corpo precisa, mas muito menos gordura do

Proteja seus ossos consumindo meio litro de leite ao dia. A maior parte dessa cota pode estar no café da manhã.

UM BOM CAFÉ DA MANHÃ 35

que a versão integral. Para deixar o leite desnatado mais gostoso, ferva-o, misture-o ao café e bata no míxer para fazer espuma.

136
Refresque seu café
Adote a tradição do leste do Mediterrâneo: tome um copo de água no café da manhã. Você ficará mais satisfeita e hidratada.

137
Duas ou mais
Consuma pelo menos 5 porções de frutas e vegetais por dia. Comece ingerindo pelo menos duas no café da manhã: beba um copo de suco natural de sua fruta preferida e coma frutas picadas com cereal, mel e leite ou iogurte. Experimente bater no liquidificador: fica um creme delicioso.

138
Caldo poderoso
À noite, coloque ameixas secas numa tigela e cubra com água. Na manhã seguinte derrame o caldo sobre a granola, deixando-a mais rica em fibras e potássio.

139
Mastigando a fruta
É melhor comer as frutas em pedaços, pois as fibras são perdidas quando transformadas em suco.

140
Sucos de verdade
Opte por sucos naturais. O de maçã, por exemplo, é mais leitoso do que o industrializado. Pesquisadores afirmam que a versão natural contém quatro vezes mais polifenóis. Esses antioxidantes combatem os radicais livres prejudiciais às células, evitando doenças do coração e câncer.

141
Vitamina com potássio
Uma dieta rica em potássio ajuda a controlar a pressão sanguínea. Entretanto, um estudo americano realizado em 2005 mostrou que pessoas de nenhuma faixa etária consomem a quantidade recomendada. A seguinte vitamina contém frutas ricas em potássio.

um punhado de damascos secos
1 fatia grande de melão-cantalupo
   sem sementes
suco de 1 laranja
2 colheres (sopa) de iogurte natural

Bata todos os ingredientes no liquidificador e sirva.

Um copo de suco conta como uma das 5 (ou mais) porções de frutas recomendadas ao dia.

142
Organize um grupo matinal
Sugira um clubinho do café da manhã na escola de seu filho e recrute crianças que não fazem essa refeição em casa. É uma opção para as crianças que não sentem vontade de comer quando acordam, mas começam a sentir no caminho para a escola.

143
Eles copiam
Um estudo finlandês mostrou que os adolescentes tendem a comer como os pais. Para dar o exemplo, prepare uma salada de frutas, uma vitamina ou beba um iogurte. Faça desse um momento familiar.

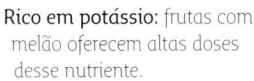

Rico em potássio: frutas como melão oferecem altas doses desse nutriente.

Trabalhos domésticos

A chave para ficar mais ativa é não pensar o exercício como algo a ser feito fora de casa, e sim como um gesto tão natural quanto subir escadas. Há muitas oportunidades dentro de casa para deixá-la mais ativa. Encontrá-las e praticá-las por 30 minutos quase diariamente vai ficar fácil com as dicas a seguir.

144
Movimente-se
Segundo um estudo holandês publicado no jornal *Nature*, praticantes de atividades moderadas são mais ativos do que os que aumentam a intensidade de suas atividades de vez em quando.

Para ficar em forma, precisamos queimar 400 calorias por dia: passar o aspirador por 30 minutos queima cerca de 105 e subir e descer escadas sem parar, arrumando brinquedos ou guardando roupas, chega a queimar 150.

145
Prancha de equilíbrio
Compre uma para deixar em casa. Suba na prancha para despertar o corpo e os sentidos antes do trabalho doméstico. Ela também ajuda a fortalecer os músculos do abdome e a dar flexibilidade à pélvis e ao tronco. Pranchas circulares, que se movem em 360°, são mais eficazes do que as que se movem apenas de um lado para o outro.

146
Esqueça os eletrodomésticos
Para se manter ativa, deixe de lado a máquina de lavar louça e lave tudo você mesma. Use um espanador de pó em vez do aspirador, pendure as roupas no varal em vez de colocá-las na secadora. Assim você também contribui com o meio ambiente.

Volta à simplicidade: coloque as luvas de borracha e dedique-se à limpeza manual.

147
Espane alongando-se
Compre um espanador de penas e pratique o seguinte alongamento enquanto elimina o pó:
Segurando o espanador com uma das mãos, separe os pés na largura do quadril e alongue-se em direção ao teto. Estique o lado direito, do quadril à lateral do peito, sem contrair o lado esquerdo.
Ainda se alongando, inspire. Quando expirar, contraia o abdome e incline o pescoço para a esquerda. Mantenha o lado esquerdo da cintura alongado; se sentir as costas repuxarem muito, pare.
Volte ao centro e repita o alongamento 5 vezes. Faça com o lado esquerdo.

Alongue-se ao tentar alcançar os cantinhos da parede com o espanador.

TRABALHOS DOMÉSTICOS 37

Ajoelhe-se para limpar o piso da cozinha, assim você trabalha as costas e os músculos do abdome.

148
Esfregue o chão
Ajoelhar-se distribuindo o peso como na foto acima é uma boa maneira de deixar sua vida menos sedentária. Nessa posição, você alonga a cervical e ativa os músculos centrais do abdome, que sustentam o corpo.
Com os ombros retos, na direção das mãos, e os joelhos na direção dos quadris, faça círculos com a cintura no sentido horário e anti-horário. Depois arredonde a coluna da lombar ao topo da cabeça, como se você fosse o dorso de uma colher.

Ainda apoiada, faça o movimento contrário, empurrando as costas e desarredondando a coluna, como se estivesse fazendo um "n" com o corpo. Relaxe a cabeça e o pescoço.
Na mesma posição, expire, contraindo o abdome. Inspirando, volte à posição de colher. Repita algumas vezes. Agora, esfregue o chão fazendo movimentos circulares grandes no sentido horário e anti-horário. Varie as mãos.

149
Limpe ouvindo música
Coloque uma música animada quando estiver arrumando ou limpando e coordene seus movimentos com o ritmo. Ou aqueça-se dançando por 5 minutos antes do trabalho. Dance de novo por 5 minutos quando tiver acabado, reduzindo aos poucos os movimentos.

150
Agache-se para pegar objetos
Pegar roupas e brinquedos do chão é uma boa desculpa para trabalhar coxas e glúteos. Fique em pé, com as pernas separadas na largura do quadril, e posicione-se de modo que o objeto fique na direção das suas mãos. Inspire. Enquanto expira, contraia o abdome e agache sobre os

joelhos e o quadril até alcançar o objeto com facilidade. Inspire enquanto se levanta. Repita sempre que for apanhar um objeto. Se seus filhos espalham muitos brinquedos pela casa, você vai notar logo a diferença na sua silhueta.

151
Rodízio familiar
Coloque o pessoal para se mexer! Organize um rodízio de atividades variadas para a família: carregar latas pesadas, esfregar o banheiro, varrer o quintal, limpar janelas, virar os colchões e cortar grama são tarefas intensas; já lavar a louça, guardá-la e pôr a mesa são mais moderadas.

152
Cultive a consciência
Práticas orientais como tai chi chuan e ioga ensinam que a energia emana da *hara*, um poço energético situado ao redor do umbigo. Enquanto faz os trabalhos domésticos, imagine cada movimento nascendo dessa parte central do corpo e irradiando até as extremidades. Visualize sua respiração alimentando essa chama de energia.

153
Sapatos de descanso
Use sapatos ergonômicos com palmilha magnética para descansar os pés depois dos trabalhos domésticos. Deixe os pés serem massageados pelos pontos na palmilha, estimulando a circulação e ajudando a oxigenar as células e a eliminar toxinas. Especialistas em reflexologia dizem que ao massagear determinados pontos da sola dos pés você leva bem-estar a outras partes do corpo. A região mais firme da sola, próxima ao calcanhar, está relacionada à pélvis, às nádegas e ao nervo ciático.

154
Exercício para os braços
Limpe tapetes e cobertores à maneira antiga, com um batedor ou um bastão. O exercício abaixo fortalece os músculos do peito e o bíceps, além dos ombros e do tríceps, o "músculo do tchau" que tanto preocupa as mulheres.

1 Pendure o tapete ou o cobertor no varal, fixando-o bem com os pregadores. Quanto mais alto ele estiver, melhor.

2 Fique ao lado do tapete, com o ombro esquerdo próximo a ele e o batedor na mão direita. Alterne de lado para bater no tapete.

3 Após 2 minutos, mude de posição e bata para trás. Fique quase de costas para o tapete e bata alternando as mãos.

Remodele sua casa

Você pode queimar mais calorias mudando a configuração da sua casa. Um estudo recente mostrou que muitos brasileiros não praticam atividades físicas, mas deveriam. Precisamos de 30 minutos de exercícios diários para nos manter saudáveis; 60 minutos para não ganhar peso e 90 para manter a perda de peso. Então, comece mudando a tevê de lugar.

O sofá é firme? Suas costas têm de ficar bem apoiadas.

155
Mude a televisão

Se a tevê ocupa uma posição privilegiada na casa, ela acaba sendo ligada por puro hábito. Mude-a para um lugar de acesso mais difícil ou reorganize os móveis ao redor dela. Por que não mudar sua poltrona mais confortável para perto da janela e se dedicar a novas atividades, como pintar ou costurar?

156
Livre-se dos eletrônicos

É comum as casas terem mais televisores do que pessoas. Nos EUA isso é uma realidade: segundo uma pesquisa, a média de tevês por casa (2,73) é maior do que a de pessoas (2,55). E as novas tecnologias, como telas planas e os mais de 100 canais por assinatura tendem a aumentar essa proporção. Para se manter ativa, opte por ter apenas um televisor em casa.

157
Sintonize o rádio

Tente trocar a tevê pelo rádio, assim você pode cuidar do jardim, limpar ou cozinhar enquanto escuta. Rádios portáteis gastam mais calorias, pois para ouvir o noticiário você terá que buscá-lo. Se sua casa tiver escadas, ainda melhor.

158
Marque o tempo

Grave programas de tevê que você realmente queira ver e assista-os antes de dormir, assim você dedica o restante da noite a outra atividade e não fica zapeando entre os canais. E também não come à toa: um estudo mostrou que quanto mais se assiste à tevê, mais se come.

159
Dia sem mídia

A Universidade de Ball State (EUA) descobriu que os norte-americanos passam mais tempo com tecnologias midiáticas (tevê, internet, celular, jogos virtuais) do que com qualquer outra coisa: cerca de 9 horas diárias! Para dar abertura a outras atividades, obrigue-se a ficar algumas noites por semana ou um dia inteiro sem tecnologia. Bloqueie os acessos para fugir da tentação!

160
Tempo de poltrona

Ficar muito tempo sentada prejudica a coluna e sua variedade de movimentos. Especialistas recomendam mexer o corpo a cada 50 minutos. Escreva um lembrete e cole-o na televisão.

161
Troque o sofá

Sofás muito macios não são bons para a postura. Opte por um mais firme, com suporte para as costas: elas têm de ficar completamente apoiadas no encosto quando seus pés estiverem no chão.

Queime calorias: pintando, você se livra de quase 150 em 30 minutos.

162
Alongamento no sofá
Sente-se com os pés apoiados no chão e as costas e a cabeça no encosto do sofá. Separe os joelhos na largura do quadril e pouse as mãos sobre as coxas. Expirando, estenda a perna direita, mantendo os joelhos alinhados e flexionados. Fique assim enquanto inspira, depois estique o pé; expire e retorne à posição inicial. Faça com a esquerda. Repita 5 vezes.

163
Sente-se no chão
Incentive as crianças a se sentarem no chão para brincar. Sentar em cadeiras diminui a flexão de quadril e pode levar a problemas nas costas. Para ver tevê, faça-as ficarem ajoelhadas por 10-20 minutos, com os joelhos juntos e as nádegas sobre os calcanhares ou no chão, entre as pernas.

164
Decore a casa
Pintar paredes queima quase 150 calorias em 30 minutos, e é um bom exercício para mãos e antebraços. Desligue a televisão nas noites de calor e aproveite para decorar a casa. Depois, alongue os braços para evitar dores no dia seguinte.

165
Alongue os braços
Fique em pé com os braços ao longo do corpo e os punhos fechados. Gire as mãos. Inspirando, levante os braços acima da cabeça, sem parar de girar os punhos. Expire e gire na outra direção, enquanto abaixa os braços. Repita.

166
Longo prazo
Distribua os projetos pelas semanas para que você se mantenha ativa por mais tempo. Assim, também evitará lesões, caso seja sedentária. Varie as atividades (raspar, pintar, colar papel de parede) para não forçar ligamentos e tendões.

REMODELE SUA CASA 41

167
Fruteira turbinada
Coloque a fruteira em posição privilegiada na sala ou na cozinha. Fica tão bonito quanto um vaso de flores.

168
Plantas em casa
Samambaias, violetas e outras plantas como lírios e margaridas filtram poluentes do ar provenientes de produtos de limpeza e fumaça de cigarros, por exemplo. Elas também podem melhorar sua imunidade: uma pesquisa revelou que quem vive cercado de verde tem menos infecções.

169
Mesa nova
Sua mesa não comporta todos os membros da família? Procure na internet alguém que queira vender uma mesa maior de segunda mão. Você pode até reciclar a sua, se quiser.

170
Compre pratos novos
Quanto mais comida tiver no prato, mais você comerá, não importa a fome. Portanto, prefira pratos de tamanho médio e canecas menores.

A fruteira decora a casa e incentiva a alimentação saudável.

171
Pendure espelhos
Além do banheiro, eles são úteis onde você se veste, se exercita e faz as refeições. Um estudo revelou que quem come em frente ao espelho reduz as porções em quase um terço.

172
Cantinho de ioga
Reservar um espaço na sua casa para a prática de ioga ou tai chi chuan vai incentivá-la a praticar mais. Não precisa ser uma área grande, apenas o suficiente para você esticar os braços para cima e para os lados e deitar-se. Talvez ao lado da cama, no banheiro ou no jardim. Deixe os acessórios por perto: colchonete, tapete, toalha. Para se inspirar, pendure fotos e quadros e coloque flores, velas e incenso.

173
Estacione na outra rua
Não xingue se a vaga em frente ao lugar estiver ocupada. Estacionar mais longe é uma oportunidade para acrescentar exercício no seu dia, sobretudo se estiver carregando compras. Crie o hábito de estacionar sempre a uma ou duas ruas de distância.

174
Corte lenha
Se você tem uma lareira ou um fogão a lenha, aproveite para cortar madeira por uma hora e queimar as calorias que perderia jogando basquete ou praticando aeróbica pelo mesmo tempo.

No friozinho, corte você mesma a lenha da lareira.

Monte sua academia

Academias podem intimidar iniciantes e irritar os alunos. Fique longe delas. Você já tem tudo de que precisa em casa, inclusive atividades cardiovasculares e de resistência: desde levantamento de pesos improvisados (seu bebê num carregador, ou *sling*) até corridas (ao redor do quarteirão). Pratique exercícios moderados durante 30 minutos diários, no mínimo, e faça de 6 a 8 exercícios de resistência duas vezes por semana.

Pular corda é um dos melhores exercícios aeróbicos. Encontre um espaço em casa!

175
Música ideal
Grave um CD para animar as sessões de exercício. Comece com músicas mais lentas, depois mais rápidas e ritmadas e, por último, outras mais relaxantes. Em casa você pode controlar o volume e o tipo de música, evitando as batidas repetitivas e altíssimas da academia. De música clássica a tango, você vai achar o som que acelera seu coração.

176
Pule corda
Uma corda é essencial para a sua academia particular. É uma peça barata e fácil de guardar, que promove um dos melhores exercícios aeróbicos, fortalecendo braços e pernas, coração e pulmões. Opte por uma corda profissional, usada em competições, pois é mais leve. Para ver se tem o comprimento ideal, pise no meio dela e estique as pontas: elas devem alcançar suas axilas.

177
Cordas digitais
Elas medem o tempo do exercício e a quantidade de pulos. Algumas calculam a perda calórica com base no peso corporal, e há até modelos com pesinhos removíveis nas pontas.

178
Treinamento com corda
Pule corda por três minutos e descanse por um. Experimente girar a corda para a frente e para trás, pular num pé só ou nos dois, com pés separados ou juntos, levantando os joelhos ou tocando os glúteos com os calcanhares.

179
Pesos improvisados
Se preferir, compre pesinhos para ginástica. Mas há vários pesos presentes em seu dia a dia:
- Latas de alimentos
- Garrafa de água com alça
- Mochila cheia de compras
- Sacos de adubo
- Bebê num carregador

180
Braço torneado
Segure um pesinho em cada mão (comece com os leves e vá aumentando conforme ficar mais forte) e mantenha uma boa postura. **Em pé**, com pés separados na largura dos quadris e ombros, joelhos e tornozelos alinhados, abaixe um pouco o queixo. Deixe os braços soltos ao longo do corpo. **Contraia os músculos do abdome.** Soltando o ar, encoste os cotovelos nas laterais da cintura e levante as mãos, com as palmas para cima, até os ombros. Expire de novo e abaixe os braços. **Repita 15 vezes**, sem parar o

movimento e coordenando-o com a respiração. Não mexa outras partes do corpo. Faça 3 séries.

181
Use um espelho
Pratique exercícios com peso em frente a um espelho para ver se sua postura está correta. Problemas comuns: forçar as costas em vez de trabalhar os músculos dos braços ou das pernas, entortar-se, quadril desalinhado e pés virados em direções diferentes.

182
Bamboleie
Encontre um bambolê de adulto em lojas de equipamentos esportivos ou compre pela internet, sobretudo se você for iniciante (ele gira mais devagar e é mais fácil de mantê-lo no ar). Bamboleie por três minutos como exercício aeróbico de um circuito, para se aquecer antes de levantar pesos ou como uma pausa, caso você trabalhe em casa.

Em pé, coloque um pé na frente do outro. Encoste a parte de trás do bambolê nas costas, acima da cintura. **Gire o bambolê** e mexa o tronco

Para ficar em forma, divirta-se bamboleando e convide a família para acompanhá-la.

MONTE SUA ACADEMIA 43

para a frente e para trás; não mexa para o lado, nem faça círculos, pois assim o bambolê cai.
Tente de novo! Experimente bambolear em sentido horário e anti-horário.

183
Posição do golfinho
De quatro, apoie os cotovelos e os antebraços no chão. Junte as palmas da mão para formar um triângulo. Mantendo os cotovelos no chão, inspire e levante o quadril em direção ao teto. Leve o peso do corpo para trás e olhe para a frente.

Enquanto expira, incline o corpo para a frente e veja se consegue encostar o queixo nos dedões da mão sem sair da postura. Inspire e volte. Repita até cansar.

184
Circuito simples
O treinamento em circuito combina exercícios cardiovasculares e de resistência e é fácil de fazer em casa. Prepare cinco atividades: subir escada, levantar pesinhos, praticar agachamento com peso, pular corda e fazer abdominais. Faça cada exercício por três minutos, passando de um a outro sem parar. Ao todo, são 15 minutos de ginástica. Repita três vezes (45 minutos) essa série, três vezes por semana.

185
Kit de pole dancing
Compre um DVD de aulas para aprender todos os passos da dança "do cano" ou "da barra" (alguns podem até vir com a barra). É um ótimo exercício aeróbico, que também fortalece os músculos superiores do corpo.

186
Ioga para tonificar os braços
Nesta sequência, você passa da posição do cachorro olhando para baixo (passo 1) para a posição de prancha (passo 2), usando apenas o peso do corpo para trabalhar os músculos do braço e do peito.

1 Coloque-se sobre quatro apoios. Inspire e levante o quadril em direção ao teto, esticando as pernas e os braços, apoiados com as palmas abertas. Enquanto solta o ar, empurre o peso sobre os calcanhares. Relaxe a cabeça.

2 Inspirando, mantenha as pernas e os braços esticados e posicione o corpo em paralelo ao chão, com os ombros na direção dos pulsos. Permaneça assim, depois volte à posição do cachorro. Alterne as posições.

MONTE SUA ACADEMIA 45

187
Espaço da ginástica

Se você tem espaço e renda suficientes, por que não transformar uma parte da garagem, do jardim ou de outro cômodo numa academia particular? Verifique a entrada de luz, a circulação de ar do local e a resistência do piso, pois tem de suportar equipamentos de ginástica. O essencial é: um aparelho de exercício aeróbico (bicicleta ergométrica, esteira ou remador), um conjunto de pesinhos e um banco. Ou, para quem puder, aparelhos mais variados.

Encontre um espaço para montar a sua academia particular.

188
Abdominais

Pule corda por três minutos, depois faça um minuto de abdominais – é o aquecimento dos boxeadores! Você vai precisar de uma cadeira com assento firme. Repita essa sequência 15 vezes e complete três séries.

1 Deite-se no chão e apoie as pernas numa cadeira. Alinhe os joelhos com o quadril. Coloque as mãos atrás das orelhas. Soltando o ar, contraia o abdome e levante a cabeça e os ombros. Inspire e volte.

2 Agora, suba levando o cotovelo direito na direção do joelho esquerdo. Repita do outro lado. Antes de levantar, contraia bem o abdome. Se a barriga estufar, você terá de subir demais.

Despensa inteligente

Limpar a despensa, eliminando todas as tentações, pode ser muito estimulante. Tente fazer isso duas vezes por ano e aproveite para exercitar os braços enquanto esfrega os armários antes de enchê-los com deliciosos ingredientes saudáveis. Você pode até renová-los com uma demão de tinta. Opte por uma cor clara e luminosa – dizem que o azul diminui o apetite.

189
Elimine gorduras indesejadas
Deixe as gorduras saturadas longe de sua cozinha. Elas aumentam o nível de LDL (o "mau" colesterol) no sangue. A maioria é de origem animal, encontrada em queijos gordurosos, carnes, leite integral e em menor quantidade em sorvetes, biscoitos e iogurtes.

190
Que tipo de óleo?
Precisamos consumir gorduras diariamente para obter energia, absorver vitaminas e restaurar o corpo. Elas também garantem o sabor da comida, e as mais agradáveis ao paladar também são as melhores para a saúde, como o azeite de oliva e os óleos de nozes, abacate, linhaça e cânhamo. Inclua, ainda, peixes gordurosos na alimentação, como sardinha, anchova e salmão, pois fazem bem ao cérebro e ao coração.

191
Consumo ecológico
Alguns peixes e frutos do mar contêm a gordura ômega-3, que mantém a saúde do coração e do cérebro. Então, consuma sardinha, tainha, anchova, salmão, truta, carne de caranguejo e mexilhões. Mas, como a diminuição dos peixes gordurosos é uma ameaça ao meio ambiente, consuma com moderação e prefira as espécies menores.

192
Corte o açúcar
Não se trata apenas de evitar açúcar refinado e doces, pois há açúcar escondido em muitos alimentos. Portanto, olhe os rótulos de conservas, sucos, molhos e temperos.

193
Adeus açúcar branco
Quanto mais escuro o açúcar, mais saboroso e saudável. Prefira açúcar não refinado, como o mascavo e o demerara, ou frutose – o açúcar natural das frutas.

Encontre a gordura de que seu corpo precisa no azeite e em óleos saudáveis.

194
Mel
O mel é mais doce e menos calórico do que o açúcar, além de conter vitaminas, sais minerais e nutrientes vegetais que mantêm as células saudáveis. Ele também estimula a proliferação de uma bactéria útil ao intestino. Muitas pessoas que sofrem de febre do feno acreditam nas propriedades medicinais antialérgicas do mel.

195
Porção distorcida
Em 2006, um estudo revelou que jovens adultos em geral comem 25%

DESPENSA INTELIGENTE 47

a mais de cereais no café da manhã do que o recomendado. Uma dica é usar pratos menores, para que sua família consuma a quantidade ideal.

196
Latas amigas
Numa boa despensa, nunca faltam alimentos saudáveis como estes enlatados:
- Tomates pelados
- Ervilha
- Sardinha
- Atum
- Milho

197
Menos sal
Comidas industrializadas são mais salgadas do que as caseiras, concentrando até cerca de 77% de sal. Opte pela comida caseira sempre que puder.

198
Alternativas ao sal
O alto consumo de sal eleva a pressão, aumentando o risco de infarto e as doenças do coração e dos rins. Portanto, prefira ervas e condimentos ao sal.

199
Máquina de fazer pão
Para evitar o sal e os aditivos químicos do pão industrializado, faça pão em casa, à mão ou com a ajuda de uma máquina específica. Experimente também a pizza caseira.

200
Cobertura de pizza sem sal
O único sal presente nesta cobertura está nas anchovas e azeitonas, e você pode tirá-las se quiser.

201
Panquecas bretãs
Elas são uma boa alternativa para incluir leite e ovos no café da manhã ou na sobremesa. A receita contém trigo-sarraceno, um grão tradicional da Bretanha, região francesa onde nasceram os crepes.

- 250 g de farinha de trigo
- 100 g de farinha de trigo-sarraceno
- 1 colher (sopa) de açúcar demerara
- 4 ovos batidos
- ½ litro de leite semidesnatado
- 50 g de manteiga
- mel e limão para servir

1 Misture as farinhas e o açúcar. Incorpore os ovos e bata bem. Junte o leite aos poucos, mexendo. Adicione a manteiga e bata. Cubra e deixe descansar por duas horas.

2 Leve uma frigideira grande ao fogo alto. Derreta uma pontinha de manteiga. Despeje uma concha da mistura, espalhando bem. Quando dourar, vire e cozinhe o outro lado por igual.

3 Esprema limão sobre a panqueca e decore-a com um fio de mel. Enrole-a e sirva quente. Se sobrar massa crua, guarde-a na geladeira para o dia seguinte.

4-5 cebolas picadinhas
1-2 colheres (sopa) de azeite
400 g de tomates pelados picados
1 colher (sopa) de pimenta-do-reino moída na hora
1 colher (sopa) de orégano
30 g de anchovas em óleo
1 colher (sopa) de alcaparras
azeitonas pretas

Em fogo baixo, frite a cebola no azeite até ficar macia. Acrescente os tomates e aumente o fogo, mexendo até reduzir o caldo. Espalhe sobre discos de pizza (dica 283), depois distribua os outros ingredientes por cima. Leve para assar por 12-13 minutos em forno preaquecido a 200ºC até ficar crocante. Rende quatro porções.

202
Frutas e vegetais
Tenha-os sempre em casa em suas formas mais variadas: frescos, em lata, congelados, como suco e desidratados.

203
Congelados
Encha o congelador! Uma pesquisa da Associação de Consumidores Austríacos demonstrou que vegetais colhidos na época certa e congelados retêm mais nutrientes do que os produzidos fora da estação.

204
Frango assado
Você sabe assar um frango? É bom aprender. Além de fácil, a carne é pobre em calorias e gorduras. Tenha sempre um frango no congelador e siga uma receita para assá-lo. Sirva com salada, legumes, arroz ou cuscuz marroquino.
E, no dia seguinte, transforme as sobras em recheio para sanduíche. Com a carcaça, você pode fazer uma canja deliciosa.

205
Alimentos em conserva
Tenha sempre em casa esses ingredientes para temperar massas, rechear pizzas e incrementar saladas e risotos:
- Alici
- Fundos de alcachofra
- Palmito
- Tomates secos

206
Atenção aos grãos
Alguns nutricionistas recomendam uma dieta baseada em 50% de grãos e cereais: trigo, arroz, aveia, milho, centeio e cevada (as raízes estão incluídas nesse grupo). Outros especialistas indicam ainda um consumo maior, de até 65%. Quantos desses alimentos você tem em sua despensa?

Abasteça as prateleiras com alimentos-chave.

DESPENSA INTELIGENTE 49

Você consegue encher pelo menos metade da despensa com cereais?

207
Integral é melhor
Prefira cereais não refinados e integrais, pois eles contêm grãos não processados, com todas as vitaminas, minerais e nutrientes, além das fibras, que saciam por mais tempo, afastando a fome. Eles ajudam a manter o coração e o corpo em forma.

208
Vá de orgânico!
Experimente alimentos integrais orgânicos, que não contêm pesticidas. Um estudo britânico realizado em 2005 revelou que o pão integral não orgânico continha mais resíduos do que muitos outros alimentos.

209
Muita fibra
Após os 65 anos precisamos de mais fibra (e mais água) na alimentação. Ela é encontrada em frutas, vegetais e cereais integrais. Fibra e água amenizam a prisão de ventre, que acomete 20% da população idosa.

210
Grãos dos ancestrais
Os grãos consumidos há séculos, antes mesmo do trigo, em geral não são refinados e têm mais minerais. Procure por espelta, kamut, amaranto, teff, quinua e milheto.

211
Frutas vermelhas
Não guarde frutas vermelhas (incluindo tomates) na geladeira, pois a temperatura ambiente parece estimular o desenvolvimento de seus antioxidantes anticancerígenos.

Para aumentar o nível de antioxidantes, mantenha as frutas vermelhas em temperatura ambiente.

212
Leguminosas
Elas contam como porções de frutas e vegetais e são uma fonte de fibras tão boa quanto os cereais (e também de proteína e ferro para os vegetarianos). Não deixe faltar feijão, lentilha e ervilha na sua despensa.

213
Calor da pimenta
Segundo alguns estudos, a capsaicina, o componente responsável pelo ardor de muitas pimentas, aumenta o calor do corpo, fazendo queimar mais calorias e reduzir o colesterol. Quanto mais ardida, mais capsaicina tem a pimenta.

214
Temperos pró-metabolismo
Por estimularem a produção de enzimas no pâncreas e no intestino delgado e a de bile no estômago (essencial para a absorção de gordura), temperos e condimentos facilitam a digestão. Estudos indicam que pimenta-do-reino, cardamomo, cravo-da-índia, louro, noz-moscada, cominho e gengibre seco melhoram o metabolismo da glicose e da gordura, e que a canela regula o metabolismo da glicose, reduzindo o nível de açúcar, de colesterol e de triglicérides.

Plante seu alimento

Alimentos plantados por você beneficiam seu corpo muito antes de irem para a mesa. Praticar jardinagem queima tantas calorias por hora quanto dançar e jogar bola, e estudos mostram que cuidar de plantas levanta o astral (lembrando que depressão e obesidade caminham juntas). Quem cultiva uma horta também come maior variedade de verduras.

Tome cuidado para não dar mau jeito no pescoço quando precisar mexer no alto.

215
Levante-se cedo
Para não deixar tarefas para o fim de semana, levante-se meia hora mais cedo e resolva algumas antes de sair para o trabalho.

216
Nutra a mente
Pesquisadores da Universidade de Loughborough, na Inglaterra, descobriram que a horticultura faz tão bem à saúde mental e emocional quanto ao corpo. Passear entre árvores e plantas parece reduzir o estresse, a tensão muscular e a pressão sanguínea, além de ser muito relaxante.

217
Aqueça-se
Antes de se abaixar para cuidar das plantas, faça um aquecimento para evitar uma lesão. Alongue-se bem e ande um pouco, relacionando na mente o que precisa ser feito.

218
Circuito no jardim
Ficar numa só posição por muito tempo pode provocar lesões. Trace um minicircuito de tarefas e passe 10 minutos em cada uma: capinar, podar, cavar, aparar, recolher folhas. Alongue-se um pouco entre uma e outra tarefa.

219
Alterne os lados
Para caprichar na malhação enquanto cuida do jardim, use menos a mão e o pé que está acostumada a usar. Alterne o pé de apoio e use o pé mais fraco para empurrar a pá.

220
Divida o peso
Se você tem sacos pesados para carregar, como de adubo, faça mais viagens com menos peso. Assim você protege as costas e os braços e ainda se exercita mais.

221
Faça pausas
Tarefas com os braços erguidos, como podar plantas, fortalecem o coração, mas podem lesionar o pescoço, por isso, faça pausas e alongue-se a cada 5 minutos. Você pode dividir a cerca viva em setores e podar um por dia em vez de fazer tudo de uma vez.

222
Empurre o peso
Para proteger suas costas, empurre os objetos pesados para cima de uma lona e arraste-os em vez de carregá-los para colocar no carrinho de mão.

223
Escolha a pá
Trabalhos pesados, como cavar e adubar, são verdadeiros levantamentos de peso. Você só vai conseguir completar essas tarefas se

tiver boas ferramentas. Para manter a postura, talvez seja preciso uma pá menor ou uma com um cabo mais longo, que permita que você fique ereta em vez de se entortar. Experimente algumas na loja e opte por uma leve e de qualidade. Afie a lâmina para diminuir o esforço.

224
Cave bem
Cavar pode ser cansativo. Apesar disso, é uma tarefa que trabalha os músculos dos braços e das pernas de maneira segura, sem lesionar as costas.
Fique em pé em frente ao canteiro. Enfie a pá no chão, perto do seu corpo e, em vez de arredondar as costas, flexione os joelhos, o que dará mais firmeza para trabalhar.
Mantendo as costas eretas e o peito aberto, use braços e ombros para retirar a terra.
Mantendo a pá cheia e perto do corpo (e do seu centro de gravidade, o quadril), vire-se para o lado sobre um pé e esvazie a pá, sempre à sua frente, sem torcer a coluna.

225
Canteiro pronto
Como se fossem grandes caixas para plantar, os canteiros prontos são ideais para horticultores com problema nas costas. Evite os canteiros tratados com creosoto e outros conservantes químicos.

Marque a área que você gostaria de cobrir usando galhos e folhas. Não faça maior do que consiga alcançar. Limpe o solo, eliminando as ervas daninhas.
Peça para o entregador posicionar o canteiro no lugar marcado, ocupando os quatro lados.
Preencha com terra, adubo ou outro composto, como esterco, algas ou folhas. Num solo argiloso, comece com uma camada de 5 cm de areia. Então você já pode plantar.

226
Compartilhe uma horta
Se não quer trabalhar sozinha e gostaria de dividir a colheita, planeje com os vizinhos uma horta coletiva, da qual todos terão de cuidar e poderão aproveitar os frutos.

227
Pesquise na internet
Precisa de conselhos sobre como evitar pragas e insetos? Procure *sites* na internet sobre plantio de alimentos ou ligue para fabricantes de produtos agrícolas ou para departamentos de agronomia.

228
O que plantar
Por que não dar ênfase a frutas e vegetais sofisticados ou que você não encontra no mercado? Folhas

Faça um minicircuito no jardim e passe 10 minutos em cada tarefa.

Cultivado no Brasil, o mirtilo (*blueberry*) cresce rápido e reduz níveis de mau colesterol.

diferentes para salada, tomates gigantes, variedades de batata e de pimentas são boas opções, assim como frutas delicadas, por exemplo as amoras.

229
Plante mirtilos
O plantio dessa frutinha azulada foi introduzido no Brasil e se deu bem, pois ela cresce em climas variados. É conhecida a eficácia do mirtilo na redução do LDL, o "mau" colesterol, e de outras gorduras do sangue. Plante num grande vaso na época mais fria do ano e coloque num lugar protegido e ensolarado; regue bem.

230
Cultivo de batata
Compre sementes de batata e mantenha-as num lugar escuro e fresco por algumas semanas até brotarem. Plante-as, então, usando fertilizantes, como adubo e esterco, conforme a recomendação da embalagem. Enquanto as folhas crescem, arrume o solo ao redor delas, de modo a formar um monte. Elas estarão prontas assim que aparecerem flores brancas.

231
Meio caminho andado
Se você não conseguir plantar legumes, frutas e verduras, não desista da horticultura: compre sementes já plantadas e brotadas em sementeiras ou cultive ervas e temperos em vasinhos.

232
Crie animais
Quando estiver segura na horticultura, arrisque-se a criar animais de fazenda, como galinhas, que são mais fáceis. Se tiver espaço e condições, poderá criar porcos. Limpar o local e cuidar dos animais vai ajudar a manter a sua silhueta fininha. Ter sua própria criação conscientizará sua família sobre a origem e a produção da carne de qualidade. Isso mostrará as vantagens dessas opção em detrimento das carnes processadas e congeladas de supermercado.

233
Alongamento
Depois de trabalhar na horta, fique em pé em frente à mesa da cozinha, de modo que a parte de cima das suas coxas apoiem-se na beirada. Ande para trás, nas pontas dos pés. Deite o tronco na mesa, descansando a cabeça sobre as mãos. Relaxe os joelhos e as pernas, alongando a lombar. Fique assim por 5 minutos.

Galinhas criadas soltas são fonte de ovos e carne da melhor qualidade.

Circuito de compras

Aventurar-se além do supermercado habitual é uma dica para caminhar mais carregando peso. Fazer compras assim pode ser prazeroso: feiras, lojas de produtos naturais e empórios estão cheios de alimentos não processados que vão fazê-la se apaixonar pela cozinha saudável, que inclui frutas, verduras e legumes orgânicos, pães e queijos caseiros, peixes e guloseimas nutritivas.

Pães artesanais são mais saborosos e mais fáceis de digerir.

234
Saiba a verdade
Por que não há tantos alimentos naturais nos supermercados? A resposta é simples: porque eles são menos lucrativos. A quantidade de comida processada (e lucrativa para os fabricantes) é enorme em comparação com a de alimentos naturais. Pense bem e escolha de que modo você prefere investir seu dinheiro.

235
Mercados locais
Que alimentos você encontra nas proximidades da sua casa ou do trabalho? Há uma quitanda, uma feira semanal ou uma padaria? Ande até esses locais quando puder.

236
Faça feira
Passe uma manhã agradável entre as barracas, pedindo dicas de culinária aos vendedores, experimentando frutas e, acima de tudo, comprando ingredientes frescos. Lembre-se de que os pequenos produtores são essenciais para a movimentação do agronegócio no país: mais uma razão para ir à feira.

237
Use uma mochila
Quando for às compras, leve uma mochila e distribua o peso entre as mãos e as costas, evitando lesões. Essa técnica é usada por atletas.

238
Prefira orgânicos
Comer alimentos bem variados aumenta o consumo de nutrientes e diminui possíveis intolerâncias. Compre orgânicos num mercado especializado e varie sempre os ingredientes – de aspargos a brócolis e ervilhas frescas. Você descobrirá vegetais que nem conhecia e muitas frutas da estação.

239
Pães artesanais
Você conhece um padeiro que usa um método antigo e ingredientes tradicionais para fazer pão? Pães feitos por "artesãos" não são somente mais saborosos: a longa fermentação faz com que sejam mais fáceis de digerir, sobretudo para quem tem intolerância ao trigo.

240
Compradora consciente
Para manter a saúde mental, é preciso sentir-se bem com seu estilo de vida. Ao consumir de maneira consciente, por exemplo, comprando diretamente de produtores, você incentiva pequenos negócios e escapa à tirania mercadológica das grandes corporações.

Frutas frescas, colhidas da árvore, contêm mais minerais e vitaminas.

241
Colha frutas
Se possível, tire uma tarde para colher frutas no sítio ou de árvores próximas à sua casa: jabuticaba, pitanga, goiaba e amora, entre outras.

242
Cerca viva
Antigamente, certas frutinhas e cogumelos saíam de cercas vivas, não do supermercado. Quando estiver no campo, saia à procura dessas delícias. Caminhe, escale e alongue-se, sentindo o ar fresco e a tranquilidade ao seu redor.

243
Torta especial
Use ingredientes que crescem em cercas vivas e, se desejar, substitua as frutas:

500 g de amoras
200 g de maçãs fatiadas
1 ½ colher (sopa) de açúcar mascavo
100 g de manteiga gelada
100 g de farinha de trigo integral
70 g de aveia
30 g de castanhas-do-pará moídas
20 g de sementes de abóbora

Preaqueça o forno a 180ºC. Distribua as frutas no fundo de uma fôrma para torta e salpique 1 colher (sopa) de açúcar mascavo. Numa tigela, corte a manteiga em pedaços e misture à farinha com a ponta dos dedos, até virar uma farofa. Acrescente a aveia, as castanhas-do-pará, as sementes e o restante do açúcar. Umedeça com 2 colheres (sopa) de água. Espalhe a farofa por cima das frutas e asse por 30 minutos, até dourar.

Repense as compras

No supermercado, evite as prateleiras de alimentos processados, que incluem ingredientes relacionados à incidência de obesidade e de doenças do coração, como xarope de milho rico em frutose (HFCS), sódio e açúcar. Quem consome comidas e bebidas processadas ingere mais calorias do que quem opta por pratos caseiros.

Leve uma lista para as compras e não volte com supérfluos.

244
Leve uma lista
Antes da compra semanal, planeje pelo menos cinco refeições saudáveis e elabore uma lista dos ingredientes. Você consegue voltar para casa apenas com o necessário?

245
Ande pelas laterais
Nos supermercados, circule pelos corredores laterais, pois nos centrais é onde costuma ficar a maior quantidade de alimentos industrializados. Ao redor, você encontra ovos, leite, frutas e vegetais, carnes e peixes, pão e vinho. Passe rapidamente pelas prateleiras centrais somente para pegar o básico, como óleo, arroz, feijão e produtos de limpeza.

246
Compras rápidas
Limite o tempo de permanência no supermercado para não cair em tentações. Faça as compras cerca de 30 minutos antes de fechar ou no seu horário de almoço. Compre industrializados a cada 15 dias (papel higiênico, pasta de dente, leite desnatado e pão integral para congelar) e faça feira e vá ao açougue ou à peixaria toda semana.

247
Tente algo novo
A cada ida ao mercado, compre uma fruta e um vegetal que nunca experimentou. Informe-se sobre o modo de preparo. Em casa, desafie as crianças a procurarem uma receita na internet.

248
Zero de trans
As gorduras trans são resultado de um processo chamado hidrogenação, não possuem valor nutricional e fazem mal ao coração. Para fugir delas, evite bolos prontos, biscoitos, tortas e margarina.

249
Leia os ingredientes
É fácil diminuir as comidas processadas: não compre nada com mais de cinco substâncias, que se pareça com uma fórmula química. Repare que os alimentos mais naturais (frutas, vegetais, carne e peixe, leite e azeite) não contêm tantos ingredientes.

250
Valores perigosos
Para simplificar a leitura dos rótulos, olhe primeiro a quantidade de gordura saturada e de açúcar. Se tiver mais de 4 g por porção de um dos dois, devolva à prateleira.

251
Light é melhor?
Cada vez mais industrias fabricam seus produtos com "baixo teor de gorduras" e "zero açúcar". Mas alguns dos ingredientes usados para

substituir a gordura e o açúcar podem ser mais prejudiciais ainda à saúde. O melhor é evitar esses tipos de alimentos.

252
Variedade
Cada vegetal é rico em um nutriente diferente, portanto, coloque alguns destes grupos no carrinho: verdes-escuros (brócolis, espinafre), vermelhos e alaranjados (cenoura, batata-doce, tomate, pimentão), leguminosas (grão-de-bico, lentilha), ricos em carboidratos (mandioca, inhame). Também procure outras categorias, como folhas e cogumelos.

Compre verduras e legumes variados para garantir o consumo de nutrientes variados.

253
Cesta cheia
Quando você já tiver enchido uma cesta com alimentos ricos em nutrientes (leite, iogurte, cereais integrais, verduras e legumes), não pegue outra cesta para levar refrigerantes e doces prontos.

254
Açúcar disfarçado
Os ingredientes a seguir são como açúcar "disfarçado": sacarose, glucose, dextrose, frutose, maltose, adoçante de milho, xarope de milho rico em frutose (HFCS), xarope de malte, melado, xaropes em geral, mel e suco de fruta concentrado. Evite-os.

255
Xarope de milho rico em frutose
O xarope de milho rico em frutose (HFCS) é usado pela indústria alimentícia para adoçar e dar liga aos ingredientes, porém, nosso corpo não consegue metabolizá-lo. Ele tem sido relacionado à obesidade e aos altos níveis de triglicérides, fator de risco para doenças do coração. Procure por ele nos rótulos e evite-o.

256
Adoçantes artificiais
Estudos apontam efeitos colaterais indesejáveis dos adoçantes, desde

Garanta o consumo de nutrientes da família comprando legumes, verduras e frutas variados.

dores de cabeça até problemas digestivos. Prefira os naturais, como estévia e frutose.

257
Não se engane
Um estudo americano revelou que, de 37 alimentos que garantiam conter frutas na embalagem, 51% não tinha fruta nenhuma! Analise a lista de ingredientes antes de comprar.

258
Sal escondido
Para ver se há sal no alimento, procure por "cloreto de sódio" ou simplesmente "sódio" no rótulo. Não leve produtos com mais de 6 g de sal por 100 g de alimento.

259
Compare produtos
A quantidade de sal em tipos similares de comida, como sopas prontas, pode variar muito. Compare os rótulos das marcas.

260
Soja
A soja é adicionada a muitas comidas processadas, mas, como ela mimetiza a ação do estrogênio, seu consumo excessivo pode causar problemas na tiroide e no equilíbrio hormonal.

261
Compulsão artificial
O glutamato monossódico (E621) é encontrado em muitos alimentos prontos, como salgadinhos, e pode interferir no apetite, fazendo-nos querer mais. Ele foi relacionado a dor de cabeça, palpitação cardíaca, asma e náusea. Opte por batatas fritas feitas em casa.

262
Corantes
Os seguintes corantes artificiais, aliados ao conservante benzoato de sódio (E211), foram relacionados à hiperatividade e a distúrbios comportamentais de crianças: amarelo crepúsculo (E110), amarelo quinolina (E104), carmosina (E122), vermelho 40 (E129), tartrazine (E102) e ponceau 4R (E124). Procure-os em refrigerantes e sorvetes antes de comprar.

263
Fique com os orgânicos
Alimentos orgânicos, mesmo biscoitos ou salgadinhos, costumam ter muito menos aditivos. Já entre os alimentos comuns, há mais de 400 tipos de aditivos aprovados que são usados regularmente.

264
Ecológica
Consumindo menos alimentos processados você protege a natureza, pois os industrializados têm muita embalagem e 60% do lixo das residências é composto por embalagens.

Cozinhe

Países da Europa Ocidental e o Japão são os reis das comidas prontas, e essa tendência está invadindo o mundo. A enorme demanda por pratos congelados é um dos reflexos do declínio do hábito de cozinhar e comer em família e do consequente aumento da obesidade. Aprenda a preparar pratos saudáveis e aproveite a oportunidade para ficar mais magra e feliz.

Planeje com antecedência o que vai comer para manter o controle da dieta.

265
Da estação
Use ingredientes de época para cozinhar. O alimento fresco conserva nutrientes que se perdem com o congelamento. Carboidratos mais encorpados no inverno protegem do desânimo que aparece nessa época; frutas suculentas no verão evitam desidratação, e as que foram menos transportadas e armazenadas contêm mais vitamina C, portanto, abuse das frutas da estação.

266
Planejamento
Faça um planejamento de suas refeições, para saber quais alimentos você está consumindo. Passe uma tarde olhando livros ou *sites* de receita e planeje refeições futuras.

267
A arte de fazer listas
Assim que tiver completado o planejamento, faça uma grande lista dos ingredientes de que vai precisar. Peça-os pela internet ou vá ao mercado e seja fiel à lista.

268
Fim de semana
Se você não tem tempo durante a semana, cozinhe no fim de semana e congele as porções para usar no dia a dia.

269
Slow cooking
Na sua cidade há um grupo que pratica essa tendência? Os praticantes reúnem-se para cozinhar e se socializar sem pressa, aproveitando ingredientes simples. Para resgatar as tradições culturais da culinária, esse movimento surgiu na Itália, em 1986, como um antídoto ao *fast food* e aos industrializados.

270
Peixe rápido
Peixe fresco é muito rápido de preparar. Compre na feira ou na peixaria já limpo e grelhe por alguns minutos de cada lado, ou embrulhe em papel-alumínio, temperado com ervas e limão, e asse por 20 minutos em forno preaquecido.

Frescos: coma verduras da estação para aumentar o consumo de nutrientes.

271
Refeição única
Use uma panela de ferro grande, de mais de 5 litros, pois retém o calor e não precisa de muito tempo no fogo para aquecer. Coloque vegetais de sua escolha, caldo de legumes e pedaços de carne ou frango para cozinharem juntos, em fervura leve. Fica ainda mais gostoso no dia seguinte.

272
A vapor
Para preservar os nutrientes dos vegetais, cozinhe-os no vapor. Existem panelas específicas para isso.

273
Alerta contra carne
O consumo de carne cresceu muito nos últimos 50 anos, mas a carne e os laticínios gordos contribuem para o aumento de gordura saturada em nossa dieta, elevando o risco de obesidade, diabetes tipo 2, doenças do coração e alguns tipos de câncer. Substituindo a carne por peixe, legumes e frutas e consumindo leite e iogurte desnatados, você evitará a osteoporose, podendo se exercitar mesmo na velhice, apontam pesquisas da Universidade Cornell (EUA).

274
Carne na medida
Em muitas culturas tradicionais, a carne é servida em dias de festa e usada no dia a dia apenas em pequenas porções, para dar sabor a pratos com vegetais, cereais e leguminosas. Esse é o melhor modo de consumir carne.

275
Descanse o corpo
Aproveite os benefícios da dieta vegetariana (menos gordura corporal e riscos reduzidos de doenças do coração, infarto e

Carne e vegetais misturados numa só panela resultam numa refeição nutritiva e deliciosa.

Tenha sempre à mão legumes cortados em palito para beliscar no lugar dos salgadinhos.

diabetes) e elimine a carne alguns dias da semana.

276
Não belisque
Se você fica tentada a comer os ingredientes que está cozinhando, corte vegetais em palito e recorra a eles nessas horas.

277
Lixo mais leve
No Reino Unido, uma a cada três sacolas com alimentos acaba no lixo, revelou uma pesquisa de 2007. Não desperdice sua resolução de comer frutas e vegetais: faça sucos ou vitaminas com as frutas muito maduras, e molhos ou pastas com os alimentos que estão começando a se deteriorar, como tomates e maçãs. Guarde-os na geladeira.

278
Caçarola de feijão com linguiça
Este ensopado é muito saboroso:

500 g de feijão variado (carioquinha, branco, preto)
2 colheres (sopa) de azeite
4 cebolas picadas
2 pimentões vermelhos picados
8 dentes de alho picadinhos
2 colheres (sopa) de ervas da Provença
1 colher (sopa) de cominho
400 g de tomates picados
1 colher (sopa) de páprica
sal e pimenta a gosto
4 linguiças apimentadas

Deixe o feijão de molho de um dia para o outro. Escorra, coloque-o numa panela e cubra-o com água (não coloque sal). Deixe ferver por 10 minutos, depois abaixe o fogo e deixe cozinhar por cerca de 1h15min, ou até amolecer.
Aqueça o azeite numa panela grande e refogue as cebolas e os pimentões por 20 minutos. Acrescente o alho, as ervas e o cominho, refogue por 5 minutos e junte os tomates, a páprica e os temperos que quiser. Cozinhe por 10 minutos ou até o líquido reduzir um pouco.
Junte o feijão e o caldo e deixe em fervura leve, tampado, por 2 horas. Use mais temperos, se desejar. Grelhe as linguiças, corte-as em pedaços e acrescente ao cozido antes de servir.
Rende 4-6 porções.

279
Não faça sobremesa
Na região do Mediterrâneo, a sobremesa do dia a dia é a fruta. Adquira esse hábito saudável. O modo mediterrâneo de se alimentar – rico em frutas e vegetais frescos ou em conserva – impede o ganho de peso e o aparecimento de doenças e prolonga a vida.

Ginástica na cozinha

Se não fosse pelas comidas processadas, gastaríamos mais tempo (e calorias) amassando, mexendo e batendo. Quanto mais ativa você for na cozinha, mais poderá comer sem engordar e mais nutrientes vai consumir.

280
Sem micro-ondas
O aumento do consumo de comidas prontas está relacionado ao uso do micro-ondas, que invadiu os lares no início dos anos 1990. Veja como você ficará mais ativa sem o micro-ondas.

281
Pilão
Um dos exercícios mais efetivos para fazer na cozinha é usar um pilão para moer e amassar. Ele libera a fragrância do alimento mais que o liquidificador, que pode murchar e "machucar" o alimento. Compre um pilão grande. Mantenha o pulso firme e faça uma rotação circular com o braço e o ombro, sem muita pressão, para moer ou amassar o alimento. Use o pilão para amassar grãos de pimenta, a fim de liberar o seu aroma.

282
Aula de amassar
Fazer pão é um modo terapêutico de se manter ativa à noite. Mesmo atividades como essa liberam endorfinas no cérebro, trazendo bom humor e leveza, além de reduzir o nível de hormônio do estresse. Amasse o pão usando o corpo inteiro: fique em pé, ereta, e respire fundo para expandir o abdome e movimentar o corpo a partir dos ombros. Quando a massa já estiver macia, depois de 10 minutos, veja se os ombros e o pescoço estão menos tensos.

Terapia na cozinha: fique ativa à noite fazendo pão.

283
Massa de pizza
Esta massa é leve, crocante e deliciosa!

15 g de fermento biológico seco
100 g de farinha de trigo
150 g de farinha de trigo integral
uma pitada de sal grosso
4 colheres (sopa) de azeite
1 ovo grande batido
fubá para polvilhar
azeite para untar

Coloque o fermento numa tigela e cubra com 4 colheres (sopa) de água morna. Misture as farinhas e o sal numa tigela grande e acrescente o azeite, o ovo e o fermento dissolvido. Misture até formar uma massa.
Amasse por 10 minutos numa superfície polvilhada com fubá. Coloque numa tigela e cubra com um pano de cozinha. Deixe descansar por 2 horas, em lugar aquecido, até dobrar de tamanho.
Bata na massa para tirar o ar, deixe descansar mais 10 minutos e amasse-a levemente. Abra do tamanho da sua assadeira, cubra com o recheio (dica 200) e asse em forno preaquecido a 200°C até ficar crocante (20-25 minutos).
Rende 4 porções.

284
Processador
É mais terapêutico bater à mão, portanto livre-se da batedeira. Faça este exercício quando estiver preparando um bolo de aniversário: pense no que você admira no aniversariante e bata com amor!

285
Base para bolo
Os ingredientes têm de estar em temperatura ambiente. Coloque a manteiga na tigela e bata com uma colher de pau. Misture o açúcar e

286
Pesto caseiro
Este molho genovês fresco é tradicionalmente feito à mão, com um pilão. Crianças mais velhas vão adorar fazer isso.

- 2 punhados de manjericão fresco
- 2 dentes de alho
- uma pitada de sal
- 2 colheres (sopa) de pinholes
- pimenta-do-reino
- 2 colheres (sopa) de parmesão ralado
- 1-2 colheres (sopa) de azeite

1 Destaque as folhas de manjericão. Se forem grandes, rasgue-as (não use faca). Coloque o alho e o sal no pilão e tempere a gosto.

2 Vá adicionando as folhas e amassando para formar uma pasta. Junte os pinholes, a pimenta, o queijo e misture.

3 Por último, coloque o azeite para obter a consistência desejada. Sirva com macarrão ou use como molho nas batatas ou no peixe.

bata por mais 8-10 minutos. O objetivo é que entre ar nesse creme, para que ele cresça ao ser aquecido. Pense nas bolhas de ar como bolhas de amor. Troque de mão, mas continue batendo na mesma direção. Quando ficar leve, fofo e claro, está pronto para receber a farinha e os ovos.

287
Movimente-se
Ficar em pé numa só posição por muito tempo faz o sangue descer para os membros inferiores, além de cansar os músculos. Tente andar enquanto cozinha e lava a louça, ou exercite as panturrilhas: fique na ponta dos pés, contraia as panturrilhas e desça devagar.

288
Sapatos macios
Ficar em pé no chão duro da cozinha de salto ou descalça pode causar dor nos pés. Enquanto estiver cozinhando ou limpando a casa, use sapatos acolchoados ou tênis.

289
Alongue-se
Se você tiver um balcão na cozinha, apoie-se nele sobre as mãos, abertas na largura dos ombros, e flexione o tronco para frente, formando um ângulo reto com as pernas. Flexione um pouco os joelhos, passando o peso para os braços, para alongar bem os ombros e as costas.

290
Lave a louça
Pode levar mais tempo do que você gostaria, mas lavar a louça, em vez de colocá-la na máquina, consome muitas calorias. Uma pesquisa feita em 2006 concluiu que essa tarefa queima mais calorias do que esfregar o chão ou arrumar a cama. Se você não estiver convencida, use um monitor cardíaco enquanto lava, seca e guarda a louça e compare os resultados com uma aula na academia.

Queime calorias lavando a louça.

À mesa

Onde e como comemos influencia muito a saúde e a silhueta. Pesquisas indicam que pessoas que fazem as refeições em companhia de familiares e amigos tendem a se alimentar melhor e de forma mais variada. Já alguns estudos americanos mostram que crianças que comem com frequência com a família têm uma alimentação mais saudável – e este hábito será levado para a vida adulta.

291
Tempo para compartilhar
No estilo de vida corrido atual, é preciso determinação para reunir os membros da família para uma refeição. Marque jantares duas ou três vezes por semana, mesmo que tenha de sair mais cedo do trabalho ou gravar um programa na tevê. Se jantar juntos é difícil, opte por um *brunch* no sábado ou um almoço no domingo.

Use velas na mesa do jantar para criar uma atmosfera calma e relaxante.

292
Reduza o estresse
Estresse nas refeições contribui para a obesidade infantil, segundo alguns pediatras, por isso, tente manter a calma: não discuta problemas à mesa. Peça para cada membro da família escrever algumas palavras que eles associam com as refeições, listando as negativas (chatice, brigas, desinteresse) e as positivas (piadas, saborosa, sobremesa). Pense em formas de passar das coisas ruins para as boas.

293
Acenda velas
A luz de velas torna qualquer refeição um evento e convida a uma atmosfera calma, sobretudo se você jantar tarde devido ao trânsito depois do trabalho.

294
Desligue a televisão
Famílias que fazem refeições sem assistir à televisão, alimentam-se melhor do que as que comem com o aparelho ligado, apontam pesquisadores da Universidade de Minnesota (EUA).

295
Oração
Agradecer pela refeição antes de comer é uma tradição de muitas religiões: no judaísmo, a *berachah* também mostra como diferimos dos outros animais, que atacam a comida sem pensar, por instinto.

296
Oração sem religião
"Que o amor ao redor desta mesa nutra nossos espíritos e nos inspire a viver em paz, com esperança e alegria, hoje e sempre. Amém."

297
Saudação iogue
Antes de comer, sente-se, feche os olhos e sintonize-se com você mesma por dois minutos, observando a respiração diminuir de ritmo e relaxando as áreas de tensão. Se quiser, dê a mão às pessoas que estão à mesa.

298
Sem repetir
Repetir o prato dobra a porção consumida (e as calorias). Em vez de se servir à mesa, faça o prato na cozinha e deixe os alimentos nas panelas para não repetir. Guarde o que sobrou na geladeira para o dia seguinte.

299
Sinta os aromas
O processo digestivo começa quando você cheira o alimento. Experimente passar alguns momentos apenas sentindo os aromas. Você estimulará a produção de saliva, lubrificando a comida e deixando-a mais fácil de engolir.

300
Como mastigar
A maioria de nós não mastiga a comida o suficiente. Tente mastigar cada porção 15-20 vezes antes de engolir, permitindo que as enzimas da saliva comecem a digerir o alimento.

Compartilhando refeições com a família e os amigos, você come de forma mais equilibrada.

301
20 minutos
O sinal de que está satisfeita só aparece 20 minutos após o início da refeição, quando o estômago avisa o cérebro que já ingeriu o suficiente, por isso faça o jantar durar pelo menos esse tempo. Os monges do Monte Atos, na Grécia, conhecidos por terem os melhores hábitos alimentares do mundo, têm um sino que toca após 20 minutos: mesmo se não tiverem acabado a refeição, eles deixam a mesa.

302
Pausas
Depois de dar uma garfada, pouse os talheres e concentre-se na comida. Tente encontrar palavras para descrever o sabor e a textura, pense na origem daquele alimento e em como ele chegou ao seu prato. Pegue os talheres apenas quando estiver pronta para engolir.

303
Deixe as sobras
Se você costuma beliscar o que sobrou quando vai tirar a mesa, peça para outra pessoa fazer isso.

Ajuste o guarda-roupa

O que você veste deve estar de acordo com o formato do seu corpo e o seu estado de espírito, por isso é importante que as roupas caiam bem. Pesquisas americanas revelam que muitas pessoas usam peças que disfarçam a variação de peso. Para ajudar a manter a autoestima, elimine peças largas: pode ser o primeiro passo para você achar seu novo eu.

304
Avalie o guarda-roupa
Você separa as roupas por tamanho? À esquerda, as 42 e, à direita, as acima de 44? Agindo assim você se dá uma desculpa para não comer de forma saudável, pois é o mesmo que manter uma reserva secreta de açúcar na cozinha. Separe um dia para limpar o guarda-roupa.

305
Compre uma fita métrica
E deixe-a no guarda-roupa. Se sua cintura tiver mais de 81 cm (para os homens, mais de 94 cm), você apresenta risco de ataques do coração, infarto e diabetes. O risco é maior ainda se der mais de 89 cm (e 1,02 m para os homens). Consulte um médico para adotar algumas estratégias deste livro.

A fita métrica é útil para medir sempre a cintura.

306
O que serve agora?
Experimente peça por peça. Faça três pilhas: roupas largas, roupas justas e as que estão servindo. Deixe apenas esta última no guarda-roupa: veja quanto espaço sobrou! Agora elimine a primeira pilha, pois com sua nova alimentação e rotina de exercícios você em breve não vai mais precisar dela (não guarde em outro lugar). Dê para alguém ou venda-as para um brechó.

307
Roupas justas
Olhe para a pilha reservada aos "dias magrinhos". Pense de maneira realista: quais delas ainda vai usar? Quais ainda estão na moda e combinam com seu estilo de vida e faixa etária? Só pendure no cabide as que ainda caem bem.

308
Sem roupas largas
Vestir peças grandes demais não esconde o excesso de peso, ao contrário, faz a pessoa parecer maior do que é. Roupas com bom caimento deixam o corpo mais esbelto, afinando a silhueta e enfatizando as formas e contornos femininos.

309
Leia as etiquetas
Nos últimos anos, as lojas de grife vêm perdendo o parâmetro de tamanhos. Algumas diminuíram os números para conquistar os clientes: o que um dia era considerado 44, agora corresponde ao 42, e você pode caber num 38 numa loja e somente num 42 em outra. Não se preocupe, pois isso não corresponde à realidade. No Brasil, em geral, 36 é o PP; 38 o P; 40 o P/M; 42 o M; e, a partir do 44, G e GG.

310
Aromatizando o armário
O óleo essencial de pimenta-do--reino é estimulante e conhecido por auxiliar na queima de calorias, já o de laranja levanta o astral: sensações agradáveis para cultivar enquanto você está se vestindo. Esvazie o armário e limpe-o com um pano umedecido, pingando quatro gotas da essência de um desses óleos (use luvas).

AJUSTE O GUARDA-ROUPA 67

311
Opinião de amiga
Convide uma amiga para trocar roupas com você e ajudá-la na arrumação. Experimente várias peças e pergunte a ela qual combina mais com a sua nova fase. Faça o mesmo com ela.

312
Enfatize pontos fortes
Chamar a atenção dos outros para as partes que você mais gosta em seu corpo tira o foco das que você não está tão satisfeita. Um colo bonito merece decotes em V e uma cintura esguia, vestidos de amarrar ou cintos chamativos. Realce o valor das pernas longilíneas usando um *jeans skinny* com salto.

313
Dias "inchados"
Se na fase pré-menstrual você se sente inchada, tenha no guarda-roupa uma calça soltinha, de cintura

Troque roupas com as amigas e selecione as que mais combinam com a sua nova fase.

314
Lingerie ideal
Apenas de roupa íntima, observe-se no espelho: as alças do sutiã estão apertadas? Os seios parecem sufocados ou caídos? Fique atenta, quando a lingerie cai bem, as roupas vestem melhor.

315
Sutiã ideal
Se você não escolheu bem seu último sutiã, vá a uma loja e peça orientação. Uma boa vendedora vai avaliar o melhor modelo para você. O sutiã ideal faz você andar corretamente, com o peito aberto e os ombros para trás e relaxados, o que também ajuda a diminuir as dores no pescoço e nos ombros.

316
Calcinha modeladora
Um modelo que disfarce a barriga e levante as nádegas pode ser um salva-vidas por baixo de alguns vestidos e trajes de festa.

317
Roupa de ginástica
Se você não se sentir bem em roupas de ginástica, pode acabar desistindo dos exercícios. Invista em modelos que a deixem bonita e confiante, de acordo com a atividade praticada e semelhante às roupas dos outros alunos. Para ioga e afins, opte por peças flexíveis que permitam ao professor ver a sua postura. Para atividades ao ar livre, leve em conta as mudanças de tempo.

318
Para encarar o espelho
Se você não gosta de se olhar no espelho, algumas gotinhas de floral podem lhe dar coragem. Pingue 4 gotas em um pouco de água e tome 3-4 vezes por dia, até diminuírem os sintomas:
- *Crab Apple* (floral de Bach): se você não aceita suas imperfeições e acha que os outros também não as aceitam.
- *Chrysanthemum* (floral californiano): para quem tem medo de envelhecer.
- *Pretty Face* (floral californiano): se você se sente "feia" ou desconfortável com a aparência.

Escolha roupas de ginástica apropriadas para a atividade e que lhe caiam bem.

Noite de cuidados

Passar uma noite se cuidando pode fazer uma enorme diferença para a sua autoestima. Sua pele ficará mais viçosa e macia, seu rosto iluminado e os cabelos brilhantes e soltinhos. Sentindo-se revigorada, a postura melhora e você sorri mais – passos essenciais para a conquista da boa forma e do bem-estar.

Estimule a circulação com uma esfoliação a seco vigorosa antes do banho.

319
Esfolie com sal e pimenta
O sal dessa esfoliação caseira elimina as células mortas, deixando a pele macia; o azeite dá brilho.

2 colheres (sopa) de sal grosso bem moído
2 colheres (sopa) de pimenta-do-reino moída na hora
2 colheres (sopa) de mel
1 colher (sopa) de azeite

Misture o sal e a pimenta numa tigela, depois acrescente o mel e o azeite. Massageie sobre a pele úmida dos pés aos ombros, sempre com movimentos circulares, em direção ao coração. Enxágue com água fria.

320
Anticelulite
Para combater a celulite, acrescente 2 gotas dos óleos essenciais de alecrim e de cipreste à esfoliação acima. Dê soquinhos nas nádegas e nas coxas com o punho relaxado e depois massageie com a mistura, fazendo movimentos firmes e circulares. Enxágue na banheira ou na ducha. (Evite se estiver grávida, tiver epilepsia ou pressão alta.)

321
Fortaleça os glúteos
Antes do banho ou enquanto você espera a banheira encher, sente-se no chão, apoie as mãos atrás do corpo e separe as pernas na largura do quadril. Enquanto inspira, contraia os glúteos e empurre o quadril na direção do teto, elevando o osso púbico o mais alto que puder. Retorne ao chão com os glúteos contraídos e relaxe-os antes de repetir.

322
Jato frio
Para tratar áreas sujeitas à celulite, esfrie bem a água e deixe o jato do chuveiro massagear suas coxas, nádegas e abdome, simulando pequenos círculos. Seque bem o corpo com a toalha.

323
Esfoliação a seco
Antes da ducha, use uma escova de banho sobre a pele seca para esfoliar e ativar a circulação. Faça movimentos rápidos de vaivém, das solas dos pés aos ombros, e nos braços. Massageie suavemente na área embaixo dos braços para estimular o sistema linfático. Evite áreas delicadas, como os seios.

324
Esfoliante de aveia
É estimulante e pode substituir o sabonete, caso você tenha pele sensível:

6 colheres (sopa) de aveia em flocos finos
6 colheres (sopa) de pétalas de rosa secas e picadas

Coloque os ingredientes no centro de um pedaço de musselina (tecido fino) e amarre. Mergulhe na água e use como sabonete.

325
Banho azul
Cromoterapeutas acreditam que tomar banho com água colorida afeta

a mente e o corpo. Pesquisas apontam que a exposição à luz azul abaixa a pressão sanguínea e a frequência cardíaca, além de reduzir o apetite e a insônia. À noite, use sais azuis na banheira ou uma luz azul no banheiro.

326
Melhore a pele
Os seguintes sais podem ser prescritos por homeopatas e são administrados como os remédios:
- *Calcium fluoratum*: aumenta a elasticidade da pele e dos vasos sanguíneos, ajudando a prevenir estrias e varizes.
- *Silica*: para curar raspões, feridas e eczemas.
- *Natrum muriaticum*: para equilibrar a água nos tecidos, prevenindo a desidratação da pele e a pressão alta, que podem contribuir para lesões nas veias.

327
Banho de garam masala
Esta combinação de especiarias contém ingredientes antioxidantes que estimulam o metabolismo.

1 colher (sopa) de pimenta-do-reino
1 colher (sopa) de cardamomo em pó
1 colher (sopa) de sementes de cominho
1 colher (sopa) de cravos-da-índia
4 gotas de óleo essencial de coentro

Coloque todos os ingredientes no centro de um pedaço de musselina (tecido fino), pingue o óleo e amarre. Ao encher a banheira, deixe-o embaixo da saída de água morna.

328
Modele os braços
Experimente este exercício para fortalecer o tríceps ("músculo do tchau") antes do banho de

329
Máscara de mel
Esta máscara para o rosto elimina impurezas da pele enquanto a preenche com minerais e substâncias para garantir maciez e frescor.

- 1 gema
- 2 colheres (sopa) de mel
- 1 colher (sopa) de óleo de semente de uva
- 1 cápsula de vitamina E
- 1 colher (sopa) de argila
- 3-5 colheres (sopa) de água de rosas

1 Numa tigela, misture a gema, o mel e o óleo. Abra a cápsula de vitamina e misture-a aos outros ingredientes, menos à água de rosas.

2 Mexa pouco a pouco até obter uma pasta. Despeje a água de rosas para dissolver um pouco a pasta.

3 Aplique sobre a pele limpa, exceto ao redor dos olhos. Deixe por 15 minutos. Retire com uma toalha úmida morna e lave com água morna.

banheira. Suas mãos e a banheira têm de estar secas.
Dentro da banheira, apoie uma palma em cada lateral e deixe as pernas à sua frente, com os pés separados na largura do quadril. O tronco tem de estar ereto.
Soltando o ar, flexione os braços para abaixar o tronco. Não coloque a força nos pés, mas sim nos tríceps. Abaixe o máximo que conseguir.
Inspirando, apoie nas mãos para esticar os braços e levantar o corpo. Não use as pernas. Faça 3 séries de 15 vezes.

330
Enxágue de alecrim
Depois de lavar os cabelos, garanta o brilho usando este enxágue. Coloque um saquinho de chá de alecrim numa caneca e cubra com água fervente. Deixe descansar por 15-20 minutos e use como último enxágue dos cabelos.

331
Massagem do couro cabeludo
Esta massagem estimula a circulação sanguínea no couro cabeludo, deixando você mais relaxada, com mais energia e com o cabelo mais volumoso. Para fazê-la, separe um pouco de óleo de semente de uva.
Aqueça o óleo em banho-maria. Despeje um pouco na palma e esfregue as mãos para distribuir bem.
Com as pontas dos dedos na raiz do cabelo (dedinhos no centro e dedões nas têmporas), mantenha as mãos firmes e as articulações flexionadas e faça movimentos circulares para estimular o tecido abaixo da superfície epitelial. Pare e retome a posição inicial.
Repita até o topo da cabeça e depois até a nuca. Massageie os músculos tensionados com os dedões. Por último, apoie as articulações na base do crânio e massageie em círculos.

332
Puxe o cabelo
Para estimular a circulação nos folículos dos cabelos, após lavá-los e antes de penteá-los, pegue uma grande mexa da frente pela raiz, enrole nos dedos e puxe. Faça o mesmo no alto da cabeça e próximo à nuca. Chacoalhe as mãos para eliminar a tensão.

333
Máscara de babosa
Para cabelos opacos e sem balanço, aplique este creme nutritivo 1 hora antes de dormir.

- 1 folha de babosa ou 1 colher (sopa) de gel de *Aloe vera*
- 1 colher (sopa) de condicionador para o seu tipo de cabelo
- 4 gotas de óleo essencial de *ylang ylang*
- 1 banana bem madura amassada
- 1 colher (sopa) de leite de coco

Retire a baba da folha de babosa com as costas de uma colher (ou use o gel). Misture ao condicionador e ao óleo, depois junte a banana e o leite de coco. Massageie sobre o cabelo seco, da raiz às pontas. Prenda o cabelo para cima, ponha uma toca de banho e, por cima, uma toalha úmida morna.
Deixe agir por 20 minutos e lave normalmente.

Devolva o balanço aos cabelos usando uma máscara de babosa antes de dormir.

Desintoxique-se

Todos os dias, os pulmões, a pele, o fígado, o intestino e o cólon trabalham muito para eliminar certas substâncias nocivas. As dietas desintoxicantes, os suplementos ou remédios não auxiliam nesse processo. O que ajuda mesmo é uma alimentação balanceada, uma rotina de exercícios, uma boa hidratação, dormir bem e evitar o álcool. Após um período de exageros, experimente desintoxicar-se assim, naturalmente.

334
Água suficiente

Uma das melhores maneiras de ajudar os rins a processar toxinas é beber água na medida certa: 6-8 copos por dia e ainda mais em dias quentes. Ao se exercitar, hidratar-se torna-se ainda mais importante: beba água antes e depois das sessões.

Beba muita água para hidratar o corpo.

335
Menos álcool

O corpo leva cerca de 36 horas (3 dias) para eliminar os resquícios de álcool. Ajude-o mantendo-se sempre hidratada e passando dias sem beber para o corpo descansar.

336
Quanto você bebe?

A maioria das pessoas subestima a quantidade de álcool que ingere. Especialistas alertam que beber mais de 2 doses diárias (mulheres) e 3 (homens) aumenta o risco de males à saúde. Nos EUA, o consumo moderado equivale a 1 dose para a mulher e 2 para o homem. Em geral, uma dose equivale a 350 ml de cerveja e 150 ml de vinho.

337
Unidades

Assim como os pratos e as porções aumentaram nos últimos 20 anos, as taças de vinho e a graduação alcoólica nos drinques também cresceram. Uma taça média costumava ter 125 ml, mas agora muitos bares e restaurantes servem uma de 175 ml (com cerca de 13% de álcool) ou de 250 ml. Para manter-se saudável, beba em taças menores e não encha até a borda. Para cerveja, prefira o copo americano.

DESINTOXIQUE-SE 73

338
Mulheres, cuidado!
As mulheres estão bebendo cada vez mais, e o álcool é mais prejudicial ao corpo feminino, mais leve, pequenino e com menor quantidade de água, além de possuir menos enzimas para quebrar as partículas de álcool, o que prejudica mais os órgãos.

339
Jejum
Se sua religião aconselha algum tipo de jejum, aproveite! Isso pode ajudá-la a se desapegar do desejo físico e engajá-la na vida espiritual com a prática de orações, meditação e caridade. O ritual fica mais fácil se você fizer parte de uma comunidade. (Evite o jejum se estiver doente, tomando remédio, grávida, amamentando ou em período pós-natal.)

340
Check-up
Após os 40 anos, marque um *check-up* para examinar os vasos sanguíneos, o coração e os rins, e para discutir sua dieta, os exercícios a fazer e o abandono do cigarro.

341
Fibras
No período de desintoxicação, capriche no consumo de fibras (grãos integrais, leguminosas, frutas e vegetais), que ajudam o intestino e o cólon a eliminar mais toxinas.

342
Adeus, fast food
Um estudo sueco realizado em 2008 mostrou que pessoas magras e sedentárias que comeram pelo menos duas refeições de *fast food* ao dia, dobrando o consumo de calorias,

343
Tratamento a vapor
O calor do vapor dilata os vasos sanguíneos da pele, o que aumenta a circulação no local e, por consequência, estimula a eliminação de resíduos. (Evite se for gestante ou se tiver asma e problemas respiratórios.)

- 4 gotas de óleo essencial de camomila ou de rosa
- 1 tigela com água fervente

1 Encha uma bacia com água fervente (ou use a pia do banheiro). Pingue as gotas do óleo essencial.

2 Aproxime o rosto da bacia e cubra a cabeça com uma toalha para receber bem o vapor. Respire profundamente.

3 Após 5-10 minutos, levante-se e coloque uma toalha molhada sobre o rosto. Sequea pele e hidrate-a com um creme.

apresentavam, após duas semanas, níveis de enzimas no fígado similares ao de pessoas com problemas nesse órgão. E, para a surpresa de todos, não era a gordura presente que causava esse desnível, mas o açúcar do refrigerante.

344
Pouco sal
Homeopatas apontam que quem come muitos alimentos industrializados pode ficar viciado em sal, o que leva a um desequilíbrio dos tecidos do corpo. Se esse é o seu caso, tome o remédio homeopático *Natrum muriaticum* por um mês, para diminuir a vontade de sal.

345
Antioxidantes
Depois do exagero alimentar, uma dieta rica em antioxidantes, com

Depois do exagero, desintoxique-se com chá verde.

A infusão de dente-de-leão é rica em antioxidantes e limpa o fígado.

frutas, vegetais e chá verde, pode fazer muito bem. Vegetais e frutas ricos em água, como melão, melancia e pepino, limpam e hidratam o organismo.

346
Estimule o tálamo
A glândula tiroide, localizada na frente do pescoço, controla o metabolismo. Alguns iogues acreditam que este exercício mantém o bom funcionamento do organismo e serve como aquecimento diário: em pé, incline o queixo em direção ao teto, junte os dentes e tente engolir sete vezes.

347
Respiração que limpa
Para renovar as energias, sente-se com o tronco ereto e coloque o dedão e o dedo médio das mãos nas laterais do nariz (acima das narinas, mas abaixo do osso). Inspire pela narina direita e solte o ar pela esquerda 5 vezes, usando uma leve pressão para fechar uma narina de cada vez. Depois inverta o lado e

faça mais 5 vezes. Respire tranquilamente.

348
Limpador de língua
Praticantes de ioga e dentistas usam um limpador de língua após a escovação, para remover bactérias e placa bacteriana. Pode ser encontrado em farmácias e até no mercado.

349
Ervas que ajudam
A combinação das essências de erva-andorinha (*Chelidonium majus*), cardo mariano (*Carduus marianus*) e dente-de-leão (*Taraxacum officionale*) limpa e tonifica o fígado. Pingue 5 gotas de cada em água e beba de manhã e à noite por um mês.

350
Remédios homeopáticos
Os sintomas abaixo indicam mau funcionamento do fígado. Tome o remédio apropriado uma vez por dia até se sentir melhor:
- *Lycopodium* CH30: irritação ao acordar, excesso de gases na digestão, fezes pouco densas ou dor no ombro direito.
- *Nux vomica* CH30: constipação, desejo por estimulantes (como café), congestão nasal depois de beber álcool.
- *Sepia* CH30: dor de cabeça do lado direito, dificuldade de digerir leite e TPM.

Durma bem

Desde a segunda metade do século 20, perdemos em média duas horas de sono por noite. Estudos indicam que pessoas que não dormem bem são vulneráveis à obesidade, pois a falta de sono diminui o nível de leptina – hormônio que dá sensação de saciedade – e aumenta o de grelina – que ativa a vontade por alimentos calóricos. Veja aqui dicas para garantir cerca de 7-8 horas de sono tranquilo.

Ajude a chamar o sono
preparando o quarto. Troque a roupa de cama e abra a janela.

351
Relaxe
Se você se exercita à noite, pode ficar agitada demais para dormir. Tente não fazer exercícios nas quatro horas antes de se deitar, ou troque atividades aeróbicas, como corrida, tênis e *spinning* por modalidades mais calmas, como ioga e natação moderada.

352
Faça um plano
Pense em um roteiro para uma caminhada no dia seguinte e escreva no diário. Segundo um jornal especializado, pessoas que andam com vigor ao menos seis quarteirões por dia superam seus problemas de sono.

353
Prepare o quarto
Troque a roupa de cama, use luzes fracas e abra a janela para ventilar o ambiente. Tire os aparelhos eletrônicos da tomada.

354
Coma mais cedo
Tente jantar bem antes de se deitar e evite álcool e cafeína após as 19h. Se sentir fome, coma carboidratos leves, como biscoito de aveia ou banana, que estimulam a produção do triptofano, aminoácido que é sonífero.

355
Sobre os ombros

Para descansar os órgãos internos e ajudar o sono, deite-se no chão com o quadril a 30 cm da parede. Levante as pernas e apoie-as na parede. Flexione os joelhos e levante o quadril em direção ao teto. Coloque as mãos atrás da cintura, mantendo o peso do corpo sobre os cotovelos. Se conseguir, estique as pernas. Respire com tranquilidade. Para descer, solte as mãos e abaixe o quadril devagar, deixando a pélvis por último.

Equilibre o peso do corpo nos ombros para descansar os órgãos internos.

356
Rotina relaxante

Ter um horário fixo para ir dormir induz o corpo e a mente ao sono. Desligue eletrônicos cedo e distraia-se escrevendo, lendo ou montando um quebra-cabeça. Tome um copo de leite e um banho morno, depois leia ou escute música na cama antes de apagar as luzes.

357
Casa desativada

Como parte da rotina antes de se deitar, lave a louça, tranque as portas, desligue as luzes e os aparelhos eletrônicos. Essas tarefas fazem parte do fechamento do dia e também driblam a vontade noturna de atacar a geladeira, que pode aumentar o consumo de calorias de maneira significativa.

358
Ervas soníferas

Alguns óleos essenciais e ervas são conhecidos por suas propriedades sedativas. (Se for beber álcool ou dirigir, não use a sálvia).

- 4 colheres (sopa) de flores secas de lavanda
- 4 colheres (sopa) de flores secas de camomila
- 3 colheres (sopa) de óleo essencial de sálvia

Coloque as ervas no centro de um pedaço de musselina (tecido fino), pingue o óleo e amarre. Deixe flutuar enquanto enche a banheira.

359
Chocolate quente
É fácil fazer um chocolate quente saudável. Evite os achocolatados, que contêm aditivos químicos, como conservantes e aromatizantes.

1 caneca de leite semidesnatado
1 colher (sopa) de chocolate em pó sem açúcar
½ colher (sopa) de açúcar mascavo

Despeje o leite numa panela e acrescente o chocolate e o açúcar. Acenda o fogo e mexa até dissolver e começar a borbulhar.
Passe para a caneca, misture com uma colher e beba quente.

360
Mais tarde
Pode ser que você não esteja dormindo bem porque vai para a cama muito cedo. Tente ficar acordada até mais tarde praticando uma atividade manual, como pintura, artesanato ou costura.

361
Tempo para o sexo
Noites em claro podem deixar você cansada demais, mas o sexo queima calorias e libera hormônios que podem facilitar o sono. Em vez de assistir à televisão com seu parceiro, pratique esse exercício uma ou duas vezes por semana.

Faça um chocolate quente saudável usando chocolate em pó, leite e mascavo.

362
Florais sensuais
Cansaço e estresse levam à apatia sexual. Estes florais de Bach podem ajudar. Coloque 4 gotas na água e beba até reduzir os sintomas.
- *Olive*: para casos de exaustão, como mães que cuidam o dia inteiro das crianças e já não têm mais energia para o parceiro à noite.
- *Oak*: para quem é muito séria e preocupada e assume compromissos demais, sem tempo para diversão.

363
Beba água
Apenas um copo de água antes de dormir impede que se sinta desidratada, sobretudo se tomou uma bebida alcoólica no jantar.

364
Travesseiros
Se você não consegue ficar confortável na cama, principalmente se estiver grávida, arrume os travesseiros: um embaixo dos joelhos, se você dorme com a barriga para cima; ou entre as coxas e os joelhos, se dorme de lado. Experimente um mais firme e baixo para a cabeça, para que o pescoço fique alinhado.

365
Conte a respiração
Ao deitar-se, tente afastar as preocupações contando a respiração. Conte 1 ao inspirar e expirar, depois 2 e assim por diante. Se os pensamentos a distraírem, volte a contar.

366
Desligue-se dos problemas
Deixe um diário ao lado da cama para "desabafar" sobre os problemas que a impedem de dormir, como as tarefas do dia seguinte, e desligue-se de uma vez deles. Se persistirem, imagine um botão de volume que você possa abaixar, de modo que não os escute.

367
Levante-se
Se não está pegando no sono, levante-se e faça alguma coisa, mas nada muito estimulante. Leia um livro, memorize um longo poema ou escreva no seu diário.

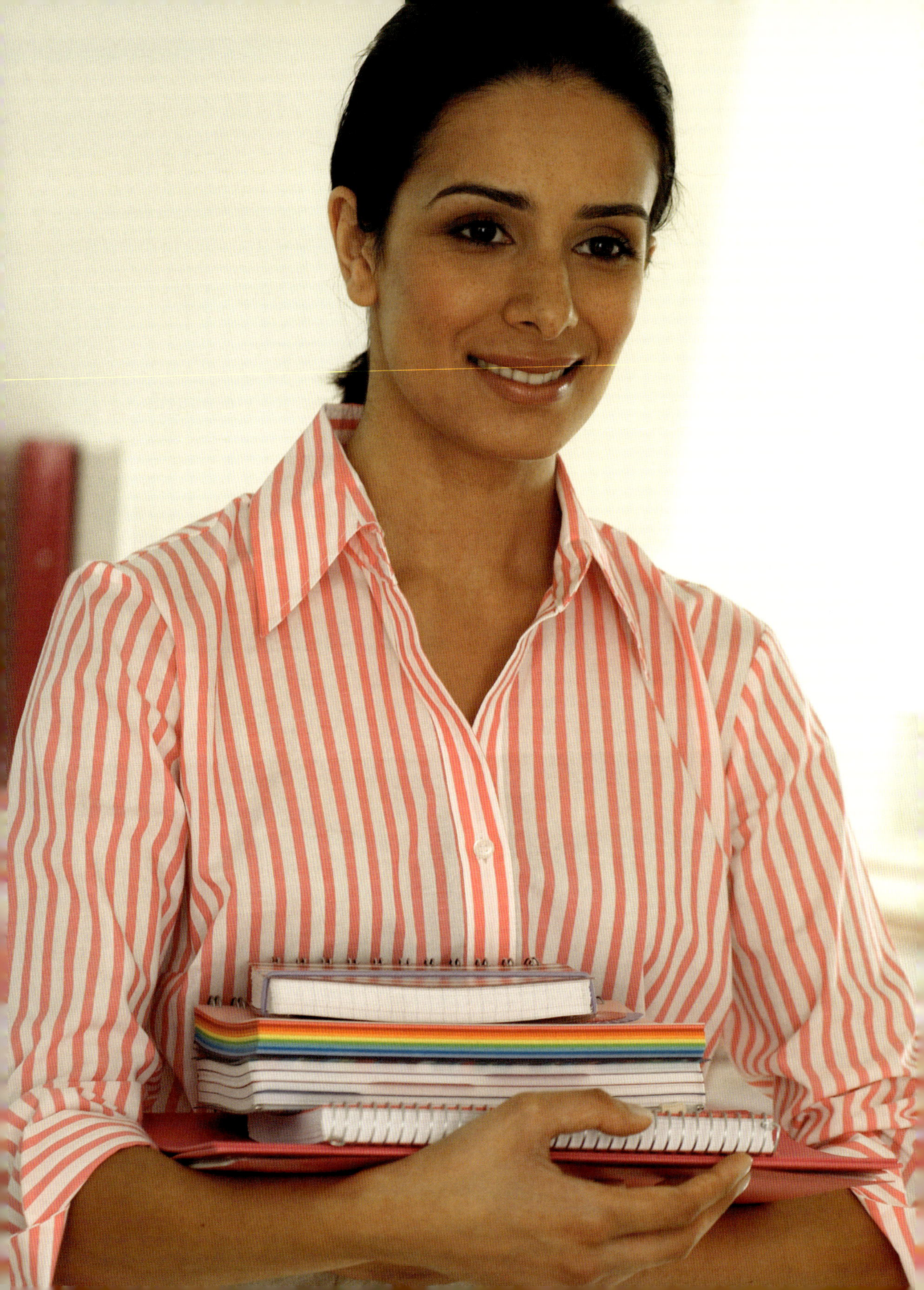

3 Boa forma no trabalho

Estamos passando mais tempo no trabalho do que nunca, seja fazendo hora extra ou cuidando do próprio negócio. Sem tomar as atitudes que levam à conquista de um corpo em forma e saudável, fica difícil alcançar suas metas e perder peso. Uma pesquisa indicou que pessoas que trabalham mais de 8 horas por dia tendem a se alimentar mal e a beber e a fumar mais do que as que trabalham menos. Elas também correm mais risco de desenvolver doenças cardíacas e relacionadas ao estresse. Este capítulo traz dicas para ajudá-la a evitar muitas horas de trabalho seguidas, comer bem e, sobretudo, encaixar a atividade física em sua rotina.

Postura consciente

Estudos mostram que passar cerca de 70% do seu horário de trabalho sentada pode desencadear problemas de postura, como dores nas costas, lesões no pescoço e nos ombros, além de dificuldade para respirar. Longos períodos nessa posição também foram relacionados a um risco maior de coágulos sanguíneos. Confira a seguir algumas soluções, desde cadeiras ideais até exercícios que você pode fazer sentada.

Posicionar corretamente braços e pulsos para digitar previne lesões.

368
Respire
Se você fica sentada por muito tempo, seus ombros tendem a se inclinar para a frente e o peito para baixo. É difícil respirar bem nessa posição. Se você não expira o suficiente, seu corpo não se livra de toxinas, como dióxido de carbono, e não consegue absorver ar para oxigenar bem as células. A cada hora sentada, levante-se, gire os ombros e inspire e expire contando até 4. Repita a respiração 5 vezes, permitindo que o ar renovado entre nos pulmões.

369
Combata a celulite
Alguns terapeutas atribuem o aparecimento de celulite às longas horas que passamos sentadas, pressionando as nádegas e as coxas e impedindo o sangue de circular bem. Fique em pé a cada hora e dê soquinhos nessas regiões, deixando o pulso solto para "quicar" sobre a pele.

370
Providencie uma cadeira nova
Se sua cadeira atual não possui assento e encosto ajustáveis, você precisa de uma nova. Se você trabalha numa empresa, converse com seu chefe sobre isso.

371
Cadeiras modernas
Cadeiras ergonômicas preservam a curva natural da coluna, em S, e distribuem bem o peso. Procure um assento em forma de sela, que mantém as juntas do quadril alinhadas; uma *kneeling chair*, em que você fica quase ajoelhada; ou uma com apoio no abdome, que deixa seu corpo inclinado para frente e a lembra de contrair os músculos que sustentam o tronco enquanto trabalha.

372
Acessório no encosto
Opte por cadeiras com um dispositivo adicional no encosto: uma espécie de almofada que você ajusta de forma a sustentar a lombar. As vértebras dessa região dão sustentação à maioria do peso do corpo e, por isso, estão mais sujeitas ao estresse.

373
De um lado para o outro
Mantenha suas costas ativas passando o peso de uma nádega para outra. Depois vá para a frente e para trás apenas pressionando os ossos sobre os quais está sentada, em direção ao encosto da cadeira e no sentido oposto.

374
Mesa ideal
Depois de ajustar a cadeira (dica 380), empurre-a em direção à mesa: está

muito alto ou baixo? Você pode diminuir a altura dos pés ou adicionar tocos de madeira para aumentá-los.

375
Posição bem sustentada

Mesas altas podem levar a uma má postura. A mesa ideal tem de ter metade da sua altura (mais ou menos a altura da mesa da copa). Ajuste a cadeira para que suas coxas deslizem por baixo da mesa quando as solas dos pés estão no chão.

376
Descanso para os pés

Se seus pés não alcançam o chão de maneira confortável, apoie-os num descanso ou sobre listas telefônicas.

377
Como digitar

Para proteger o tronco de lesões, ajuste a mesa e a cadeira de forma que os pulsos fiquem mais baixos que os cotovelos enquanto você digita (os pulsos têm de ficar estendidos). Observe se não está forçando os ombros para a frente.

378
Ajuste o monitor

Coloque a tela na sua frente, a um braço de distância ou mais. Virar-se para digitar lesiona o pescoço e a coluna e reduz os movimentos.

379
Exibição na tela

Deixe as janelas de seus documentos minimizadas na parte superior para que você os visualize sem ter de abaixar a cabeça, o que pode causar tensão no pescoço e nos ombros. Aumente o tamanho da fonte, se necessário.

380
Ajuste a cadeira

Cada pessoa tem uma curvatura na coluna e um comprimento de pernas diferente. Para manter o corpo funcionando bem e prevenir lesões, ajuste a cadeira de acordo com sua estatura.

1 Ajuste a altura de modo que, quando você estiver sentada, as nádegas fiquem na parte de trás do assento, com as coxas apoiadas.

2 O encosto deve formar um ângulo de 110° entre a coluna e as pernas. Veja se o quadril está alinhado com os joelhos ou se está um pouco acima.

3 Ajuste o encosto de modo que a lombar fique apoiada quando você se sentar ereta, com os ombros alinhados com o quadril.

381
Sentada e ativa
Passe períodos curtos sentada numa bola de pilates. Transforme-a em sua cadeira para reuniões e ligações telefônicas. Quando começar a bambear, é hora de levantar.

382
Escolha sua bola
Veja se as solas dos pés ficam apoiadas no chão quando você está sentada na bola. Isso incentiva a contrair os músculos abdominais para sustentar a coluna e manter o equilíbrio.

383
Assento com bola
Procure na internet uma cadeira ergonômica com uma bola no lugar do assento, que, para longos períodos, é melhor do que a própria bola, já que tem encosto e rodinhas que facilitam o movimento.

Use uma bola de pilates como banco para manter uma boa postura.

Tonifique os membros usando uma faixa para alongá-los enquanto está sentada no escritório.

Lanche no trabalho

Tomando café da manhã antes de sair você se protege contra lanches indesejáveis. Mas, por segurança, leve lanchinhos saudáveis, que a deixem bem longe do bolo da cantina e das frituras do almoço. Ofereça-os aos colegas, pois é mais fácil mudar de hábitos quando os outros participam.

384
Exercite o pescoço
Sente-se ereta, abra o peito e junte as escápulas em direção à cintura. Empurre o queixo para a frente e para baixo. Repita o movimento do queixo 5 vezes ou mais. Imagine-o deslizando sobre um balcão, mantendo as orelhas alinhadas.

385
Circulação dos pés
Se você fica horas sentada, use sapatos com pequenas elevações na palmilha para estimular pontos na sola do pé. Enquanto trabalha, movimente os pés para cima e para baixo para estimular a circulação. Dê atenção especial ao arco, onde está o plexo venoso, que, quando comprimido, bombeia sangue de volta para o coração.

386
Alongamento com faixa
Deixe uma faixa elástica na gaveta. Para tonificar as pernas, sente-se, passe a faixa no pé e, segurando cada ponta numa mão, alongue a perna à sua frente. Empurre bem a faixa. Para trabalhar os braços, segure-a com os braços abertos além da largura dos ombros. Levante as mãos acima da cabeça e tente abri-las ao máximo. A faixa torna esse alongamento um desafio.

387
Hora do lanche
Não belisque durante o horário de trabalho, mesmo que sejam alimentos adequados. É saudável sentir fome antes das refeições. Determine horas certas para o lanche, como no meio da manhã e da tarde.

388
Dia da maçã
Leve sempre uma maçã na bolsa. Ela contém quase um quinto da dose de fibra diária recomendada e apenas cerca de 80 calorias. Se for orgânica, não deixe de comer a casca, que também é rica em fibras.

389
Os melhores lanches
Deixe-os à mão no escritório, como salva-vidas para os momentos de fome. Eles satisfazem por serem ricos em fibras:
• Biscoitos de aveia

Frutas são perfeitas para o lanche no trabalho: maçã e morango driblam a fome.

• Damascos e figos secos
• Pacotinhos de uvas-passas
• Morangos e mexericas
(ou outras frutas)

390
Porções
Cada porção de fruta deve ter mais ou menos o tamanho de uma bola de tênis ou de uma lâmpada. Leve um potinho com morangos, uvas, abacaxi ou melão.

391
Comidas "fortes"
Há alimentos, de sabor acentuado, que são mais digeríveis se degustados em pequenas porções. Por exemplo, 2-4 cubos de queijo parmesão, algumas azeitonas recheadas ou alguns quadradinhos de chocolate amargo (70% cacau) vão matar a sua vontade de comer um pacote inteiro de salgadinhos.

Comidas de sabor acentuado matam a fome em pequenas porções.

392
Lanche da manhã
Quando não tomar café da manhã, faça um lanche reforçado, mas *light*, como pão integral com requeijão *light* e salmão defumado ou atum em lata. Não use manteiga e, se quiser, tempere com umas gotinhas de limão.

393
Castanhas para o lanche
Um estudo com pessoas mais velhas obesas ou com excesso de peso mostrou que as que incrementavam a dieta, rica em carboidratos e pobre em calorias, com 85 g diários de castanhas ou amêndoas perdiam mais peso e conseguiam mantê-lo por mais tempo do que aquelas que seguiam apenas a dieta.

Um lanche reforçado não precisa ser ultracalórico. Procure opções *light*.

394
Comida lúdica
Se você gosta de distrair as mãos com alguma coisa enquanto pensa, ou se está parando de fumar e precisa manter os dedos ocupados, escolha alimentos que exijam algum trabalho, como tirar sementes ou descascar: laranja, mexirica, kiwi, abacaxi, manga e laranja.

395
Mude de hábito
Um expresso no lugar do café com leite integral, uma maçã no lugar de dois biscoitos de chocolate, água com gás no lugar do refrigerante: essas mudanças chegam a cortar 400 calorias por dia! Mude de hábitos por sete dias e perca cerca de meio quilo.

LANCHE NO TRABALHO 85

396
Iogurte desnatado
O cálcio contido no iogurte ajuda o corpo a metabolizar a gordura, segundo um estudo da Universidade do Tennessee, nos EUA. Pessoas que tomaram iogurte três vezes ao dia durante uma dieta de 12 semanas com 500 calorias diárias a menos perderam mais peso e gordura corporal do que as que só reduziram as calorias.

397
Apenas cheire
Uma pesquisa realizada em Chicago apontou que quanto mais os voluntários cheiravam maçãs, bananas e ervas, menos fome sentiam e mais peso perdiam.

398
Café com bobagem
Atenção ao que você acrescenta ao seu café com leite, como chantilly, açúcar ou raspas de chocolate. Prefira leite desnatado e uma xícara menor. Se você precisa de café forte para despertar pela manhã, em vez de repetir a dose, tome um expresso.

399
Chás funcionais
O chá preto e o verde elevam o nível de antioxidantes, que combatem os radicais livres e ajudam a diminuir o colesterol, segundo um estudo israelense. Para garantir esse efeito, tome duas xícaras por dia.

Comece bem seu dia com um suco estimulante de legumes e vegetais.

400
Drible a fome com leite
Estudos mostram que bebidas à base de leite driblam a fome, fazendo-nos comer menos na refeição seguinte, ao passo que refrigerantes só matam a sede. Isso significa que, apesar das calorias dos refrigerantes, eles não diminuem a fome (são apenas petiscos calóricos). Prefira um copo de leite desnatado frio ou uma vitamina de frutas.

401
Tome suco
Prepare um suco estimulante pela manhã usando legumes e vegetais. Experimente combinações de espinafre, cenoura e beterraba, ou de alface com gengibre para um sabor ardido, e com maçã para um sabor doce.

402
Guloseimas da tarde
Se você não consegue passar a tarde sem uma guloseima proibitiva, consuma uma porção menor e pese para ter noção das calorias. Um *muffin* de 140 g chega a ter 500 calorias! Há 20 anos, esses bolinhos americanos tinham um terço do tamanho e menos da metade das calorias.

O tamanho dos bolinhos não é mais tão pequeno. Fique de olho na porção!

Faça uma pausa

A maioria das pessoas não faz pausas regulares durante o trabalho, embora devesse fazer. Uma cultura que nos obriga a ficar colados na mesa por medo de perder o emprego é prejudicial à saúde, à silhueta e até à produtividade da empresa. Pesquisas mostram que quem trabalha sem parar tende a ficar fatigado, o que reduz o desempenho e a qualidade. Não deixe de fazer pausas.

403
Conheça as leis
No Brasil, a cada 50 minutos trabalhados o funcionário tem direito a uma pausa de 10 minutos. Caso você tenha um negócio próprio, lembre-se disso também.

404
Dia da Jornada de Verdade
Crie esse dia e comemore com os colegas de trabalho obedecendo aos horários previstos no acordo com a empresa, inclusive de almoço e de pausas. Se você for um líder, agradeça as horas extras feitas por seus funcionários.

405
Transforme sua empresa
Que tal conversar com seus chefes? Tenha iniciativa! Você pode pedir um convênio com uma academia de ginástica para os funcionários, por exemplo. Ou organizar aulas de tai chi chuan antes do início da jornada, ou de ioga e capoeira na hora do almoço.

406
Trabalho flexível
Você pode escolher os horários ou o local de trabalho para inserir atividade física em seu cotidiano? Pessoas com horários flexíveis tendem a ser mais saudáveis e apresentar menos riscos de doenças físicas e mentais, segundo uma pesquisa norte-americana.

407
Use o cérebro
Mudar de atividades que usam o lado esquerdo do cérebro para outras que usem o lado direito ajudam você a fazer uma pausa, reduzir o estresse e manter as faculdades mentais em dia. O hemisfério esquerdo é responsável por atividades que envolvem lógica, cálculo, números, análises e pensamento sequencial; já o direito governa a intuição, a criatividade e a noção espacial. Para mudar de lado, ouça uma música, pratique ioga ou dê uma volta.

Seja ativo: organize aulas de tai chi e estimule os colegas a frequentá-las.

408
Use um alarme
Acerte o alarme do computador ou do telefone para cada 20-40 minutos. Ande um pouco e alongue-se para ganhar energia e reduzir o risco de problemas relacionados ao estresse, como lesão por esforço repetitivo (LER) e dores na lombar.

409
Pausa do mouse
Para estimular a circulação e combater o estresse nos pulsos causado pelo uso contínuo do *mouse*, estique os braços à sua frente.

Alongue-os empurrando as pontas dos dedos lá na frente. Dobre as mãos para cima, com os dedos na direção do teto, pressionando contra os pulsos. Dobre agora para baixo, com dedos na direção do solo. Gire os pulsos nos dois sentidos. Faça os maiores e menores círculos que conseguir sem mexer o antebraço.

410
Aperto de mão
Ficar muito tempo com os pulsos flexionados ou estendidos cansa o corpo e diminui a força das mãos. Faça uma pausa a cada 20 minutos para deixar seus pulsos em posição neutra – a do aperto de mão. Por que não apertar a mão dos colegas para relaxá-los também?

411
Dê uma volta
A cada duas horas, mais ou menos, ande um pouco pela empresa ou dê uma volta no quarteirão. Conte esses minutos como parte da sua rotina diária de exercícios.

412
Use as escadas
Enquanto seus colegas fazem uma pausa para o cigarro, suba e desça escadas por 10 minutos (comece devagar para conseguir chegar ao final). Fazendo isso todos os dias, você pode perder 4,5 kg por ano, segundo o Centro Americano de Controle de Doenças.

413
Meditar andando
Tente desligar o cérebro uma vez ao dia por 15 minutos: preste atenção apenas na respiração. Saia para dar uma volta, inspirando durante quatro passos e soltando o ar nos outros quatro. Quando ficar fácil, segure o ar por mais dois passos antes de soltá-lo. Se pensamentos passarem pela sua cabeça, concentre-se de novo na respiração.

414
Sexta-feira sem e-mail
Estudos mostram que o uso de telefone, *e-mail* e internet é muito maior na sexta-feira do que em outros dias. Por que não instituir na sua empresa o "Dia do contato pessoal", para que todos conversem e circulem em vez de mandar *e-mails*?

Faça uma pausa e suba escadas para completar sua cota diária de exercícios.

415
Horário de almoço
Pesquisas mostram que um a cada cinco britânicos nunca respeita o horário de almoço e, dos que respeitam, mais da metade faz uma pausa de cerca de 15 minutos. Cumpra sua hora corretamente e, se ajudar, convide um colega.

416
Satisfeita?
A sensação de saciedade não está relacionada apenas à quantidade de comida, mas ao tempo de mastigação e à duração da refeição. Comer em frente ao computador faz você engolir o almoço sem mastigar. Pessoas que fazem isso tendem a comer mais para ficar satisfeitas.

417
Comendo no caminho
Se você costuma comer enquanto anda ou dirige, pois está sempre correndo para o próximo compromisso, experimente um floral de Bach indicado para a impaciência. Pode ajudá-la a diminuir o ritmo nas refeições e a degustar a comida com atenção.

Não pule o horário de almoço, mesmo que você tenha apenas 1 hora para se distrair.

Melhore seu desempenho da tarde tirando uma soneca de 20 minutos.

418
Tire uma soneca
Uma dormidinha de 10-20 minutos após o almoço pode melhorar o nível de atenção e energia, produtividade, concentração e memória, aponta uma pesquisa da NASA. Além disso, pode facilitar a perda de peso e manter o coração em forma, segundo um estudo grego realizado por seis anos.

419
Sono coletivo
Organize uma soneca coletiva na empresa para celebrar o "Dia da sesta".

Incorpore exercícios

Para incluir exercícios no seu dia, não é preciso mais tempo, mas sim adaptar suas tarefas, deixando-as mais ativas. Por exemplo, tente passar 10 minutos a cada hora se mexendo, não apenas sentada. Até mesmo ficar em pé queima três vezes mais calorias por hora. Movimentar-se sempre pode ser tão importante para o controle do peso quanto os exercícios.

420
Alongue os dedos
Para manter mãos e pés ativos enquanto você está sentada, tire os sapatos e, com os punhos, alongue os dedos dos pés. Abra os dedos das mãos e dos pés devagar, contando até cinco, tentando separar ao máximo os dedinhos dos dedões.

421
Pronta para o sábado
Se gosta de praticar jardinagem nos fins de semana, você precisa de mãos, pulsos e antebraços fortes. Fortaleça esses músculos durante a semana com uma bola ergonômica. Deixe-a sobre a mesa e aperte-a 20 vezes com cada mão a cada hora.

422
Massageie os pés
Leve um rolinho ou uma bola de tênis, tire os sapatos e massageie as partes tensas dos pés para estimular as terminações nervosas da sola, sobretudo se você tiver cãibras ou formigamento quando fica muito tempo sentada.

423
Levante-se para falar
Fale ao telefone em pé ou caminhando (com o telefone sem fio) e levante os joelhos enquanto conversa.

424
Xô preguiça!
Para aumentar sua cota de exercício diário, caminhe pelo espaço de trabalho recolhendo objetos do chão e levando coisas aos colegas. Não entorte o corpo para pegar nada. Posicione-se ereta na frente do objeto antes de agachar para que ele fique ao alcance da sua mão.

425
Office girl
Estão precisando de um documento, papel para impressora, alguma coisa do estoque ou da geladeira? Vá buscar. Assim você se torna prestativa e conquista um corpo melhor.

Permaneça ativa no trabalho oferecendo-se para buscar e trazer coisas.

426
Carregue com cuidado
Quando se oferecer para carregar algo, faça-o com consciência. Fique em frente ao objeto ereta, com os pés separados na largura do quadril. Contraia os músculos do abdome e flexione os joelhos enquanto se abaixa. Pegue o objeto, com as palmas das mãos abertas sob ele. Levante-se contraindo o abdome e pressionando os calcanhares.

427
Caminhe para pensar
Enquanto reflete, ande com as mãos fechadas nas laterais do quadril e expandindo o peito para aumentar a quantidade de ar que entra e sai. Isso estimula a circulação nas pernas e, ao mesmo tempo, dá uma boa pinta de intelectual!

428
Mexa-se
Estudos indicam que ser inquieto é a chave para controlar o peso quando se come bem, mas não se pratica exercícios. Bata os pés enquanto trabalha, alongue e flexione os dedos, brinque com os cabelos. Essa atitude é conhecida como Atividade Termogênica Sem Exercício (NEAT, em inglês) e pode ajudar na perda de peso. Fique mais inquieta após ter exagerado na comida (isso parece de fato funcionar).

429
Posição para refletir
Enquanto pondera sobre um problema, alongue a coluna e fortaleça quadril e coxas. Em pé, de costas para a parede, afaste-se 30 cm, projetando a pélvis para a frente e apoiando a lombar na parede. Deslize para baixo, como se estivesse sentando numa cadeira imaginária, mantendo a coluna alongada e os músculos do abdome contraídos. Se os joelhos passarem

430
Automassagem
Use estes exercícios de reflexologia para aliviar a tensão física e aumentar a energia necessária para lidar com o estresse do trabalho.

1 Entrelace os dedos e coloque uma bolinha de pingue-pongue entre as mãos. Deslize-a para estimular o ponto do pâncreas.

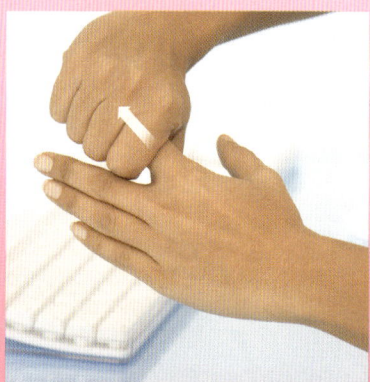

2 Feche uma mão e, sem forçar, aperte e solte os dedos da outra mão. Repita com o outro lado.

3 Por fim, aperte os espaços entre os dedos com o polegar e o indicador da outra mão. Repita várias vezes com cada uma das mãos.

Organize reuniões **informais** sem cadeiras por perto.

431
Enquanto espera
Use o peso do corpo para fortalecer os braços enquanto aguarda um cliente. Fique à distância de um braço da parede e separe os pés na largura do quadril. Apoie as palmas das mãos na parede, na altura dos ombros. Soltando o ar, flexione os cotovelos para aproximar o rosto da parede. Mantenha o rosto quase encostado enquanto inspira. Expire e empurre as mãos lentamente para voltar à posição inicial. Faça 3 séries de 15 repetições.

432
Projete a voz
Quando der uma palestra ou se pronunciar numa reunião, contraia os músculos do abdome a cada vez que expirar. Isso não só tonifica o abdome como dá força à sua voz.

433
Convide o cliente
Você pode marcar um encontro na academia ou discutir estratégias andando no parque ou no seu quarteirão? Grave a conversa.

434
Reuniões em pé
Organize reuniões informais com os colegas em espaços sem cadeiras, como corredor, terraço e *hall* de entrada. Em pé, os participantes também tendem a ser concisos e ir direto ao ponto, em vez de iniciar discussões supérfluas.

435
Passe a bola
Em momentos de reflexão coletiva, organize um círculo com os colegas e joguem uma bola de vôlei ou basquete uns para os outros, aleatoriamente. Quem pegar, tem de falar. É uma boa maneira de incentivar pessoas tímidas.

Marmita magra

Uma das melhores maneiras de garantir um baixo consumo diário de calorias é levar o almoço de casa. Comidas de restaurante tendem a ter mais sal, açúcar e gordura saturada do que as caseiras. Procure alternativas gostosas ao sanduíche sem graça, como grelhados, saladas, arroz e feijão.

436
O básico
Ao preparar o almoço, inclua vegetais e frutas, cereais integrais e uma porção de laticínio, peixe ou frango para garantir que o consumo de nutrientes seja tão adequado quanto o de calorias.

Práticos: use pão-folha para preparar sanduíches enrolados com recheios saudáveis.

437
Sanduíche enrolado
Os *wraps* são fáceis de transportar e combinam com uma variedade de recheios. Veja estes, que são bons para os ossos (a maioria de nós não consome cálcio suficiente):
- sardinha com pimentão vermelho picado, cebolinha e salsinha.
- mussarela com tomate fatiado, abacate e manjericão.
- queijo de cabra com azeitona e alface picada.

438
Embrulho
Se você teme que os aditivos químicos do plástico ou do filme de PVC possam contaminar a comida, embrulhe sanduíches caseiros em papel-manteiga ou em saquinhos de papel pardo. Evite papéis antiaderentes usados na culinária que contenham silicone, pois podem fazer mal ao fígado.

439
Fuja da coca-cola
Um estudo realizado em 2006 sobre osteoporose constatou que mulheres mais velhas que bebiam refrigerantes à base de cola com frequência tendiam a ter menor densidade óssea e mineral. Para manter os ossos em forma, tome leite e iogurte semidesnatados, suco de laranja e casca de ovo (lavada, assada e triturada, em vitaminas e sopas).

440
Água com gás
Se você gosta de bebidas gasosas, leve uma garrafa grande de água com gás para o trabalho. Refrigerantes não contêm nutrientes e são repletos de calorias. Água com gás não tem caloria nenhuma.

441
Marmita do bom humor
Para combater o desânimo e a letargia vespertina, prepare um sanduíche de frango ou peito de peru num pão integral com gergelim e sementes de girassol e abóbora. Leve também uma banana, alguns damascos e um iogurte desnatado pequeno. Todos esses alimentos contêm triptofano, um aminoácido estimulante.

442
Porção de amendoim
Uma pequena porção de amendoim (cerca de 20 unidades) antes do início da refeição ajuda você a comer menos. O amendoim é rico em antioxidantes e pode ajudar a elevar o nível de HDL, o "bom" colesterol, e baixar o LDL, o "mau" colesterol. Prefira sem sal.

443
Evite congelados
Um estudo mostrou que de 21 pratos prontos apenas dois continham níveis adequados de nutrientes. Dos outros, 16 possuíam muita gordura, a maioria não tinha ácidos graxos suficientes e o armazenamento e reaquecimento dos pratos contribuíam para diminuir o nível de vitamina E, que é antioxidante. A dica? Se não tiver jeito, coma castanhas, sementes e grãos junto com esses pratos, para garantir os nutrientes.

Sopa caseira é um almoço nutritivo e pode ser levada numa marmita térmica.

444
Faça sopa
Se você mesma prepará-la, pode incluir diversos vegetais e grãos integrais. Aqueça na hora do almoço e tome acompanhada de rodelinhas de pão integral ou pão caseiro e um pouco de parmesão por cima.

445
Controle a porção
Meça 300 g da sopa caseira numa jarra medidora e depois passe para a marmita. É uma porção razoável para o almoço. Divida o que sobrar em porções iguais a essa e congele para almoços futuros.

446

Minestrone caseiro

Prepare-o na noite anterior e aqueça no micro-ondas da empresa:

2 colheres (sopa) de azeite
2 cebolas picadas
1 alho-poró picado
2 cenouras em cubos
1 nabo em cubos
2 folhas de louro
2 litros de caldo de legumes
100 g de feijão-carioquinha cozido
100 g de feijão-branco cozido
240 g de cevadinha
2 aipos (salsão) picados
4 folhas de repolho em tiras
sal e pimenta a gosto
1 colher (sopa) de salsinha para decorar
parmesão ralado para servir

Leve o almoço em recipientes diferentes: um para a salada, um para o prato quente e outro para a sobremesa.

Em fogo baixo, aqueça o azeite numa panela grande e frite a cebola até ficar macia e transparente. Acrescente o alho-poró, a cenoura e o nabo. Quando estiverem cozidos, junte o louro, o caldo, o feijão e a cevadinha. Deixe ferver por 30 minutos ou até que os vegetais e a cevadinha tenham amolecido. Adicione o aipo e o repolho 10 minutos antes do fim do cozimento. Tempere a gosto e sirva com a salsinha e o parmesão. Rende 4-6 porções.

447

Conjunto de marmitas

Para o almoço no trabalho, leve um conjunto de marmitas de metal, daquelas que podem ser carregadas com uma só alça. Leve uma salada de entrada, uma massa com molho em outra e na terceira uma sobremesa saudável.

448

Devagar com a carne

Um americano médio come duas vezes a porção de carne recomendada, mas ingere poucos vegetais e frutas. E o que os EUA fazem, o mundo copia. Mude essa perspectiva incluindo no seu almoço pouca carne e o dobro de legumes e verduras.

449

Legumes no lanche

Leve um recipiente com legumes sortidos cortadinhos para acompanhar a sopa e o sanduíche no almoço. Pode ser cenoura, pimentão, ervilha-torta, erva-doce, pepino e aipo.

450

Bons temperos

Para temperar as saladas e os legumes, leve garrafinhas com azeite extravirgem, shoyu e vinagre balsâmico. Seu corpo precisa de gorduras saudáveis para absorver vitaminas, minerais e nutrientes dos legumes e das verduras.

451
Use spray
Se você está contando as calorias, use um *spray* para temperar com azeite. Uma apertadinha tem cerca de 1 caloria.

452
Tortilha
Esta receita fica mais gostosa fria, por isso é uma boa ideia para levar ao trabalho. Corte em fatias grandes e embrulhe em papel-alumínio. Coma com azeitonas e salada. Rende 4-6 porções.

4 batatas grandes
200 ml de azeite
1 cebola média fatiada
6 ovos
uma pitada de sal

Corte as batatas em fatias finas, lave-as e seque-as. Coloque o azeite numa frigideira grande e leve ao fogo; quando estiver quente, refogue as batatas e a cebola em fogo baixo por 15 minutos ou até que as batatas estejam cozidas, mas firmes (não deixe queimar). Passe-as para o escorredor e reserve o azeite.
Bata os ovos com o sal numa tigela grande e acrescente a batata e a cebola cozidas. Deixe descansar por 10 minutos.
Coloque 2 colheres (sopa) do azeite reservado numa frigideira limpa e aqueça. Despeje os ovos batidos e espalhe bem. Fique atenta para não grudar. Quando dois terços estiverem cozidos (no máximo 5-10 minutos), retire.
Leve ao forno.

Faça um tabule com trigo para quibe e os legumes que tiver em casa.

453
Salada de feijão
Própria para o transporte, pois o sabor se acentua com o passar do tempo. Use feijão fresco cozido ou em lata.

250 g de feijão-vermelho cozido
250 g de feijão-carioquinha
250 g de feijão-branco
1 pimentão vermelho picado
1 pimentão amarelo picado
8 cebolinhas picadas
4 ramos de aipo (salsão) picados
250 g de tomates-cerejas sem sementes
1 ramo grande de salsinha fresca
suco de 1 limão
2 colheres (sopa) de azeite
sal e pimenta a gosto

Enxágue o feijão e coloque numa tigela. Adicione os pimentões, a cebolinha, o aipo (inclusive as folhas) e os tomates. Retire as folhas da salsinha, lave-as e pique-as. Acrescente a salsinha, o suco de limão a gosto e o azeite e misture. Rende 4-6 porções.

454
Tabule com sobras
Crie a sua versão dessa salada libanesa usando os ingredientes que você tiver na geladeira. Deixe de molho 250 g de trigo para quibe por 10-15 minutos, até que amoleça. Passe na peneira, pressionando para eliminar toda a água. Coloque numa tigela grande, adicione 3 colheres (sopa) de azeite e suco de dois limões e misture. Depois de 1 hora, acrescente salsinha picada, hortelã, cebola, tomate e pepino. Rende 4-6 porções.

455
Dia de piquenique
Uma vez por semana ou por mês, organize um piquenique com os colegas de trabalho. A regra é que todos levem um prato saudável. Desafie os participantes a improvisar uma comida diferente para todo mundo experimentar. Você ainda pode animar o evento sugerindo um tema, como um tipo de culinária típica, cores ou enfeites. Isso não só incentivará a alimentação saudável, como será um momento de confraternização.

Comer fora, comer bem

Os norte-americanos, povo com maior taxa de obesidade do mundo, gastam metade de sua renda reservada à alimentação em refeições fora de casa. O tamanho das porções atuais estão de duas a cinco vezes maiores do que eram nos anos 1950 e 1960. Desde a década de 1980, o tamanho do hambúrguer dobrou e os pratos de massa estão cinco vezes maiores. Pesquisas mostram que tendemos a comer o que é colocado à nossa frente, mesmo sem apetite.

456
Onde você come?
Um estudo realizado durante três anos revelou que mulheres que comem *fast food* consomem mais gordura e ganham 43% a mais de peso que mulheres que não consomem esse tipo de comida. Evite qualquer porção supergrande, como batatas fritas extragrandes e refrigerantes de meio litro ou mais.

457
Batata frita não conta
Um estudo do Departamento de Agricultura dos EUA mostrou que, ao retirar a batata frita do consumo diário de legumes, as porções consumidas caíram para menos de três ao dia. Lembre que a batata não conta como uma de suas cinco ou mais porções diárias de frutas e vegetais, pois ela é um carboidrato (como pão e macarrão).

458
Regras da sopa
Caldos ralos, como missoshiro, minestrone e gazpacho, tendem a ser menos calóricos do que sopas cremosas. Um estudo da Universidade Estadual da Pensilvânia, nos EUA, mostrou que quem consome alimentos com alto teor de água, como pepino e tomate, de maneira geral come menos.

Coma um pãozinho integral no início da refeição para frear o apetite.

459
Ande até o restaurante
Se for comer fora na hora do almoço, escolha um restaurante que fique a pelo menos 15 minutos de caminhada da empresa e resista à tentação de ir de carro.

460
Não ao álcool
Se você tende a "chutar o balde" após uma taça de vinho (pedindo mais vinho, petiscos ou a sobremesa mais calórica do cardápio), evite beber na hora do almoço.

461
Comece com pão
Um pãozinho integral com azeite antes da refeição a fará comer menos. Estudos mostram que consumir um pouco de gordura satisfaz mais rápido.

462
Beba água
Beba um copo de água para acalmar a fome e não exagerar no restaurante.

463
Bufê de saladas
Qualquer dessas sugestões é saudável:
- Salada de grãos (aveia, cevadinha, quinua, trigo)
- Folhas verdes (quanto mais escuras, melhor)
- Legumes coloridos: quantas cores você consegue pôr no prato?

464
Cuidado com o molho
Não cubra sua salada saudável com molhos muito calóricos. Prefira mostarda, limão, shoyu, azeite e vinagre.

465
Imite os franceses
Faça como os franceses e coma porções menores. Um estudo franco-americano revelou que a diferença entre a porção francesa e a americana é enorme. O iogurte francês, por exemplo, chega a ser 82% menor e o refrigerante, 50%.

Prefira as cores vivas no bufê de saladas da hora do almoço.

466
Sabor internacional
Em restaurantes *fast food* de comida típica (árabe, chinesa, japonesa etc.), as porções tendem a ser muito maiores do que no país de origem. O Instituto Americano de Pesquisa em Câncer apontou que a *quesadilla* mexicana dobrou de tamanho e calorias ao chegar aos EUA.

467
Grãos diferentes
Experimente grãos menos habituais, como espelta, quinua e amaranto, servidos em restaurantes naturais. É improvável que eles sejam processados. Estudos apontam que quem come grãos integrais consegue manter melhor o peso.

468
Muito fácil
Qual é o melhor jeito de comer fora? Cubra um terço de seu prato com legumes e verduras.

469
Pergunte ao garçom
"Qual é o tamanho da porção?" Essa é uma boa pergunta se você pretende dividir o prato, seja uma carne com legumes ou um combinado japonês.

470
Meia porção, por favor
Observe o tamanho do sanduíche. Você comeria mesmo ele todo? Convide um colega e divida a porção.

471
Qual é o tamanho ideal?
Pesquise na internet e em livros de nutrição a quantidade ideal de consumo de cada alimento ou grupo alimentar.

472
Cálculo de cabeça
As associações de nutrição sugerem estes tamanhos de porções:
- Queijo: porção do tamanho de uma caixa de fósforos.
- Frutas e vegetais: do tamanho do seu punho.

O tamanho da porção é a chave para se alimentar bem nos restaurantes. Dê atenção a isso.

COMER FORA, COMER BEM 99

Se você não resiste a uma sobremesa, peça duas colheres para dividir esse doce pecado.

- Carboidratos, como batata e arroz: do tamanho de uma laranja.
- Carne: do tamanho de uma carta de baralho.

473
Não peça maior
As refeições "aumentadas" de restaurantes *fast food* (como hambúrguer, batata frita e refrigerante) podem fornecer mais calorias do que o necessário para um dia inteiro (cerca de 1.500). Prefira almoços caseiros pelo menos duas vezes por semana.

474
Não se deixe levar
Em sistemas *self-service*, tendemos a comer tudo o que der na telha. Se você frequenta restaurantes assim, preste atenção nas porções, não repita e coma apenas uma sobremesa pequena.

475
Feito para você
Em vez de se servir no bufê, peça do cardápio. A comida será mais fresca e você comerá menos.

476
Deixe um pouco
Se você é conhecida por raspar o prato (e o que sobra das outras pessoas), deixe pelo menos uma garfada. Aos poucos, você vai se acostumar a comer até ficar satisfeita, e não até esvaziar o prato.

477
Peça o menor
Em restaurantes, peça a menor versão de tudo do cardápio, exceto saladas e legumes.

478
Divida a sobremesa
Se você acha impossível escapar à sobremesa quando está comendo fora com algum amigo, peça duas colheres e divida, assim seu consumo de calorias diminui.

479
Pedidos por último
Não peça a sobremesa antes de acabar o prato principal. Veja se ainda tem espaço para ela ou se apenas um expresso já basta.

Você precisa mesmo da sobremesa? Ou pode substituí-la por um expresso?

Almoço com exercício

Você pode incluir mais do que o mínimo necessário de exercício diário no seu horário de almoço (30 minutos) e ainda sobrar tempo para se alimentar. Depois, nem precisará mais se preocupar em fazer exercícios o resto do dia. Você pode frequentar uma aula, fazer uma caminhada intensa pelos quarteirões do bairro ou andar até o salão de beleza. O importante é fazer essa pausa, pois ela reduz o estresse e aumenta a motivação.

Dê uma volta pela feira e escolha ingredientes para uma refeição saudável.

480
Conte os passos
A meta diária é de 10.000 passos, o equivalente a uma caminhada moderada de 60-90 minutos. É mais do que suficiente para perder o excesso de peso. Compre um pedômetro e conte quantos passos você dá enquanto olha vitrines ou anda com uma amiga para conversar.

481
Ande ao ar livre
Passar tempo sob a luz natural do dia ameniza sintomas depressivos para muitas pessoas que se sentem angustiadas durante o inverno ou em lugares fechados.

482
Tênis multiuso
O horário de almoço é ideal para ir comprar seu tênis. Escolha um modelo que possa ser usado em práticas variadas, de corrida a jogo de vôlei. Peça orientações para o vendedor da loja de artigos esportivos (não em lojas de roupas e acessórios de grife).

483
Solas esportivas
Coloque palmilhas especiais no seu sapato ou troque-o por tênis para andar na hora do almoço. Isso é importante, pois realinha a postura e reduz as dores no joelho e na lombar, já que os pés e os calcanhares ficam posicionados corretamente. Caminhar pela cidade costuma contrair e achatar os arcos dos pés.

484
Passeie na feira
Precisa de inspiração para o jantar ou o almoço de amanhã? Dê uma volta na feira e escolha alimentos saudáveis e nutritivos: peixe, queijos, azeitonas e picles, e, é claro, frutas, legumes e verduras.

Compre um tênis que possa ser usado em atividades físicas variadas.

485
Utensílios menores
Procure uma loja de utensílios domésticos de bairro próxima ao seu trabalho e pesquise xícaras, tigelas e pratos menores. Eles vão ajudá-la a controlar o tamanho das porções.

ALMOÇO COM EXERCÍCIO 101

486
Pense magro
Se passar pela doceria e pensar no prazer que um belo pedaço de torta lhe traria, aprofunde essa ideia e pense: como você vai se sentir depois? Ouça essa voz interior, pois ela é o seu pensamento magro.

487
Não prenda a respiração
Se você estiver respirando mal após uma manhã estressante, saia e ande para aliviar essa sensação. Inspire e expire devagar. Quando ficar fácil, aumente o tempo da respiração a cada quatro passos.

488
Procure spas
Spas urbanos e salões de beleza oferecem tratamentos rápidos para a hora do almoço, e ainda há opções de dois esteticistas trabalhando para seu bem-estar ao mesmo tempo. Procure por serviços "expressos".

489
Transformação facial
Faça um tratamento facial na hora do almoço quando seu rosto estiver pálido e sem vida. A esfoliação remove células mortas. A massagem no pescoço, ombro e couro cabeludo ativa a circulação e traz nutrientes e oxigênio para a região, eliminando substâncias nocivas. A hidratação rejuvenesce a pele e seu cheiro agradável estimula os sentidos.

490
Gaste o que economizar
Quando você deixar de comprar comidas prontas e cigarros, reserve o dinheiro que economizou para agradinhos na hora do almoço, como manicure, um batom novo ou um DVD.

491
Massagem na perna
Para se sentir rejuvenescida à tarde, faça uma sessão de massagem ou de reflexologia nas pernas e nos pés.

492
Escolha outros exemplos
Se a sua revista preferida idolatra celebridades que usam numeração inferior a 36, procure mulheres mais "reais" para lhe servir de modelo, como as mulheres e atrizes da década de 1950.

Presenteie-se com um tratamento facial e volte para o escritório rejuvenescida.

Agende aulas de natação na hora do almoço e queime calorias enquanto aperfeiçoa a técnica.

493
Corte os cabelos
Para um visual novo, mais jovial, corte os cabelos na hora do almoço. Um bom corte pode mudar o formato do seu rosto e fazê-la se sentir segura o suficiente para manter os ombros alinhados, a cabeça levantada e o peito aberto. Você ficará mais alta e com um visual mais *clean*.

494
Faça uma massagem
Conforme um estudo publicado no *Jornal Internacional de Neurociência*, adultos que são massageados demonstraram maior capacidade de atenção e de resolver problemas matemáticos, além de menos estresse no trabalho. Há razão melhor para uma massagem na hora do almoço?

495
Tratamento facial
Experimente um tratamento especial para cuidar do rosto, como máscaras de oxigênio ou jatos de ar que prometem nutrir, firmar e rejuvenescer a pele cansada como nenhum outro.

496
Chacoalhe o corpo
Plataformas vibratórias trabalham os músculos sem que você precise suar ou trocar de roupa. Apenas suba na plataforma, fique na posição recomendada e condense 1 hora de ginástica em 10-25 minutos. Elas prometem queimar calorias, fortalecer os músculos, aumentar a densidade dos ossos, estimular a circulação sanguínea e linfática e dar flexibilidade.

497
Remodele-se sem suar
Frequente uma piscina apenas para boiar, relaxando os músculos e encontrando equilíbrio mental e físico. Na banheira ou no ofurô, também é possível boiar.

498
Técnica Alexander
Um instrutor pode ajudá-la a superar velhos vícios posturais: o modo de ficar em pé, sentar-se e andar são responsáveis pela falta de flexibilidade e redução da mobilidade. O instrutor também pode ensiná-la a usar o corpo com mais liberdade e eficiência, levando a uma mudança radical da postura. As aulas particulares são mais eficazes.

499
Aula de natação
Será que há uma academia com natação perto do seu trabalho? Você pode frequentá-la na hora do almoço. As aulas com poucas pessoas facilitam o nado eficiente, bem coordenado com a respiração e ritmado. Fazer aula de natação é interessante tanto para iniciantes quanto para veteranos e praticantes de triatlon, e até para quem tem fobia de água ou profundidade.

500
Treinador acessível
Junte-se a um grupinho de colegas e contrate um *personal trainer* para o horário de almoço. Pesquisas apontam que treinar em grupo é muito mais motivador, pois os participantes incentivam-se mutuamente.

501
Levantamento de peso
Conforme se envelhece, menos calorias são necessárias para engordar. Para queimá-las, multiplique as atividades que envolvem levantamento de peso (andar, erguer, carregar) no horário do almoço e acrescente alguns exercícios de força (agachamentos, flexões, remo) na rotina, realizando-os por 20 minutos, três vezes por semana.

Assim, você fortalece a massa muscular e óssea, que também decaem com os anos.

502
Abra os pulmões
Praticantes de ioga ensinam que, quanto mais tempo se prende o ar, mais se maximiza a transferência de oxigênio para a corrente sanguínea e de toxinas gasosas para o pulmão, de onde serão expelidas. Com isso, as células ficam em boa forma. Pratique prender o ar na piscina uma vez por semana, no horário de almoço. Comece tentando atravessar a piscina: respire fundo, prenda o ar e nade por baixo da água o máximo que conseguir. Fique relaxada. Por quanto tempo você consegue prender o ar? Monitore seu progresso ao longo de alguns meses.

Deixe o cérebro em forma aprendendo um idioma estrangeiro na hora do almoço.

503
Giro do abdome
Para trabalhar os músculos oblíquos externos no trabalho, na academia ou na piscina, fique em pé com os braços abertos na altura dos ombros. Imagine que há um cabo de vassoura ligando seus pulsos e mantendo os braços firmes. Olhe para a frente. Devagar, gire de um lado para outro, sem mexer os braços. Aumente a velocidade aos poucos.

504
Consultor de saúde
Se você quer mudar de estilo de vida, mas não sabe por onde começar, converse com um homeopata. Ele pode ajudá-la a avaliar seu histórico médico e a entender como você chegou aonde está agora. Pode também sugerir remédios e mudanças de hábitos para que sua saúde atinja o potencial máximo.

505
Aprenda uma língua
Um estudo da Universidade College, de Londres, descobriu que aprender uma língua fortalece o cérebro: como um músculo, o cérebro melhora seu desempenho conforme você o usa, construindo a área que processa a informação. Se você fica em pé na maior parte do dia, aproveite o horário do almoço para sentar-se e relaxar durante a aula.

Ative o cérebro à tarde

Nosso relógio biológico passa por uma queda natural de energia durante a tarde. E, se o almoço não foi saudável, o nível de açúcar no sangue pode cair. Para manter o cérebro funcionando bem, experimente estes exercícios estimulantes para a mente e o corpo. E faça lanches para estabilizar o açúcar no sangue.

506
Cuide de uma planta
Clorofitos, copos-de-leite e violetas desintoxicam o ar da sua mesa. Estudos mostram que pessoas com plantas no ambiente de trabalho são 12% menos estressadas e 12% mais produtivas.

507
Mate a sede
Beber uma quantidade adequada de líquidos durante o dia ajuda a manter o cérebro ativo (e dribla o apetite). Tente beber 6-8 copos de água. Deixe-os mais atraentes acrescentando limão espremido ou pedacinhos de maçã.

508
O que tem na água?
Antes de comprar uma garrafa de água, veja no rótulo se ela não tem adoçante ou sal. As aromatizadas podem conter os dois. Água filtrada é mais barata e ecológica.

509
Refresque-se
Leite semidesnatado gelado é uma alternativa nutritiva à água.

Plantas desintoxicam sua área de trabalho e diminuem o estresse.

510
Produza seu chá
Chás comerciais podem conter essências e adoçantes. Cultive suas próprias ervas numa jardineira na janela do escritório ou leve-as frescas num recipiente com água. Coloque uma das porções a seguir num bule com 1-2 xícaras (chá) de água fervente e deixe descansar por 5 minutos. Sirva com limão e mel.
- 1 colher (sopa) de erva-cidreira

- 1 colher (sopa) de folhas de hortelã
- 3 pedaços de raiz de gengibre
- 2 cravos-da-índia
- 1 colher (sopa) de alecrim

Prepare seu chá: experimente hortelã com um pouco de limão.

511
Suplemento verde
Suplementos à base de algas marinhas e outros fitonutrientes (de plantas) ajudam a estabilizar o efeito ioiô do açúcar no sangue e, por consequência, as variações de energia e de humor. Abra a cápsula do suplemento e misture o pó a um suco de fruta ou água.

512
Brotos
Os brotos comestíveis são considerados vitalizantes, pois contêm toda a energia de que uma semente precisa para se tornar uma planta. Cultive-os numa jardineira e use-os em saladas, sanduíches e com requeijão na torrada. Boas opções são brotos de semente de rabanete, mostarda ou lentilha, que dão vigor, ou de alfafa, que brota mais facilmente.

513
Chocolate amargo
Deixe uma barra (70% de cacau) sobre a mesa. Devido aos seus flavonoides antioxidantes, o chocolate pode despertá-la psicologicamente e também manter seu coração em forma.

514
Biscoito saudável
Biscoitos muito doces elevam rapidamente o açúcar no sangue, que despenca em seguida, levando à falta de energia e de concentração e causando irritabilidade. Opte por biscoitos de aveia, que liberam a energia devagar, e de nozes, castanhas, gergelim e sementes de abóbora, que contêm gorduras estimulantes.

515
Bolinhas de energia
Uma noite por semana, misture uma mão cheia de castanha-do-pará, a mesma quantidade de figos e damascos secos e também de sementes de girassol, gergelim e abóbora. Bata no liquidificador; modele bolinhas e guarde na geladeira. Leve duas para o lanche da tarde no trabalho. Dessa forma, você repõe uma gama de aminoácidos.

516
Recarregue a vista
Deite-se e flexione os joelhos, feche os olhos e cubra-os com as palmas das mãos. Olhe para a escuridão. Veja como sua mente é expansiva.

517
Leia um poema
Para reavivar o cérebro cansado, mude de foco procurando um pequeno poema na internet, na pausa da tarde. Para refletir sobre as alegrias e vicissitudes do cotidiano, leia Drummond ou Bandeira. Sobre o passar do tempo, procure o soneto 60 de Shakespeare.

518
Ferro dá energia
O ferro faz a hemoglobina distribuir oxigênio para as células. A falta de ferro deixa a pessoa pálida e abatida. Grande quantidade de meninas e mulheres têm deficiência de ferro. Para aumentar seu consumo, belisque sementes de abóbora no lanche, consuma feijão, lentilha, ervilha, brócolis, espinafre, frutos do mar e alimentos ricos em vitamina C, como acerola, laranja e pimentão vermelho, que facilitam a absorção de ferro.

519
Repense o almoço
Se costuma sentir uma queda de energia após o almoço, investigue se não tem intolerância a algum tipo de alimento, como o trigo. Experimente eliminar alimentos à base de trigo da refeição e veja se essa sensação muda.

520
Coma vermelhos
Frutas e vegetais vermelhos, como tomate, maçã, morango, rabanete, pimentão, contêm fitonutrientes que melhoram a memória (e a saúde do coração e do sistema urinário). Separe alguns deles para um lanche saudável no trabalho.

O kiwi é rico em vitamina C, estimula a absorção de ferro e dá energia.

521
Ilumine-se
Se você se sente mais ativa quando está sob a luz natural, sobretudo se não gosta do frio, abra as cortinas e tire a bagunça de perto da janela.

522
Cansaço ocular
Se seus olhos ficam cansados à tarde, após horas em frente à tela do computador, marque uma consulta com o oftalmologista. Os óculos podem fazê-la forçar menos a visão e evitar o cansaço vespertino.

523
Levante as pernas
Para energizar os músculos do abdome, fique em pé com os pés unidos e contraia o músculo da pelve e o umbigo em direção à coluna. Estique o pé direito e levante a perna ereta até onde conseguir. Repita três vezes e troque de lado.

524
Cheirinho
Pingue 4 gotas de óleo essencial de hortelã-pimenta num lenço e cheire para estimular o seu desempenho no trabalho e nas atividades físicas.

525
Ganho de energia
Praticantes da aiurvédica ensinam que as partes do corpo que ficam "para dentro" (axilas, a parte de trás dos joelhos) podem funcionar como escoamento de energia. Quando sentir a energia e o cérebro falharem, fique em pé, tire os sapatos e alongue os dedos das mãos e dos pés. Levante os braços para cima e sinta esticar as axilas. Flexione os pés para sentir o alongamento atrás dos joelhos.

526
Respiração do corpo todo
Fique em pé com pés separados e joelhos um pouco flexionados. Concentre-se na respiração. Na inspiração, levante os braços. Enquanto solta o ar, ajoelhe-se para a frente e coloque as palmas no chão. Inspirando, imagine-se pegando algo precioso do chão, depois fique em pé e traga as mãos ao coração. Expirando, dê esse presente ao

mundo, empurrando as mãos para a frente. Inspirando, levante os braços de novo e, expirando, deixe-os cair ao lado do corpo. Repita até que os movimentos ganhem um ritmo fluido de meditação.

527
Planeje uma atividade
Para manter o objetivo de conquistar uma boa forma física, comprometa seu grupo de trabalho a participar de corridas pela cidade em favor de campanhas de caridade. Organize encontros à tarde para marcar treinos e discutir patrocínios.

528
Evite confrontação
Se quer manter a dieta e a rotina de exercícios, tente se manter equilibrada diante das idiossincrasias de colegas e chefes, que parecem mais pronunciadas durante a tarde. Confrontações podem enfraquecer seus objetivos pessoais.

529
Aromatize o ambiente
Levante o clima arrastado do ambiente de trabalho com um aromatizador. Procure opções homeopáticas numa farmácia especializada ou na internet.

530
Modelos em miniatura
Cultive o hábito de espalhar figuras de corpos e marcar nelas, em azul, o que você quer manter e, em vermelho, o que você quer mudar (e aponte o porquê). Veja como as anotações mudam de cor ao longo dos meses.

531
Alongamento do pescoço e dos ombros
O corpo tende a acumular tensão no pescoço e nos ombros, o que pode contribuir para dores de cabeça de estresse e turvar o pensamento.

1 Sente-se e entrelace os dedos na nuca, com os cotovelos na altura das orelhas. Inspirando, puxe os cotovelos para trás, juntando as escápulas. Pressione a cabeça contra as mãos.

2 Soltando o ar, com os cotovelos se tocando à frente, abaixe o queixo em direção ao peito (não puxe o pescoço). Sinta as escápulas se separando. Repita 3-5 vezes.

Revigore-se

É fácil cair na rotina de *happy hours* em bares e restaurantes após o expediente, ou de levar trabalho para casa. Evite isso, pois esse é o melhor horário para praticar atividades físicas. O exercício é uma boa transição entre o trabalho e a casa, dando energia para você completar as tarefas da noite, como cozinhar ou dar banho nas crianças.

Depois do trabalho, aprenda a andar de patins com os colegas.

532
Saia na hora certa
Você está na faixa dos 30 e é solteira? Uma pesquisa britânica descobriu que mulheres com esse perfil tendem a fazer mais horas extras (sem receber por isso). Lance um debate na empresa sobre como não deixar que isso aconteça.

533
Até altas horas
Se seu parceiro trabalha até tarde, encontre-se com ele perto da empresa para que vocês possam jantar e conversar sobre suas vidas: casais que comem juntos alimentam-se de forma mais saudável.

534
Beba vinho
Se você gosta de beber vinho ou cerveja depois do trabalho, não passe de uma taça (homens podem tomar duas). Beber com moderação protege contra doenças do coração, infarto, diabetes e obesidade abdominal. Mas consumir mais que isso aumenta o risco de problemas cardiovasculares e de morte prematura.

535
Dieta dos pontos
Se está seguindo esse tipo de dieta, prefira alimentos que contêm poucos pontos durante o dia e deixe uma reserva para uma taça de vinho após o trabalho.

536
Alternativas ao bar
O que mais se pode fazer para confraternizar? Experimente:
- Jogar boliche
- Andar de patins em grupo
- Dançar salsa
- Treinar para uma meia-maratona
- Assistir a um espetáculo de dança contemporânea
- Caminhar no parque
- Treinar esportes coletivos

537
Organize um time
Por que não participar de torneios? Pode ser de basquete, vôlei, futebol, tênis... Dispare um *e-mail* na empresa e veja quem quer participar. E informe-se sobre os esportes praticados nos clubes de sua cidade.

538
Corrida leve
Proponha a formação de um grupo de corrida leve para os sedentários. O grupo poderá fazer pausas. Não é preciso usar acessórios específicos, mas todos têm de correr 10-20 minutos por semana.

539
Exclusivo para mulheres
Organize um grupo com suas amigas para a prática esportiva, em que não seja permitida a presença

masculina. Vocês se sentirão mais confiantes e independentes nos movimentos, conquistando uma boa forma física com mais leveza. Que tal combinar um horário com elas para se exercitar após o trabalho?

540
Sambe com elas
Junte um grupo de mulheres do trabalho para fazer uma aula de samba. Como "passistas", vocês vão dar boas risadas: um benefício para a saúde mental e física. Dança do ventre também é uma boa opção.

541
Spinning
Uma aula de *spinning* (treino de resistência na bicicleta ergométrica) traz os benefícios do ciclismo combinados à camaradagem da atividade em grupo. Todos são guiados pelo mesmo instrutor por um "percurso" com mudanças constantes de velocidade

e de força. Em 30 minutos de prática intensa, você chega a queimar 500 calorias de maneira segura, pois o exercício é de baixo impacto.

542
Use um monitor cardíaco
Este aparelhinho que conta as batidas do coração ajuda você a aumentar a intensidade do treino, maximizando a resistência aeróbica, ou abaixar, para reduzir o risco de lesões. Siga as instruções para estabelecer um número máximo de batidas no treino e em descanso e aumente ou diminua durante a corrida ou as aulas.

Alivie as tensões praticando esportes no parque com os colegas de trabalho.

543
Acalme a mente
A IDEA, maior associação do mundo de educadores físicos, afirma que exercícios que dão conta do corpo e da mente, como ioga e pilates, mantêm os praticantes mais comprometidos do que outros exercícios.

544
Etiqueta no pilates
Na aula de ioga ou pilates, não puxe pés e pernas para colocá-los na posição. Concentre-se para que seu cérebro a ajude. Inspire, expire e contraia os músculos do abdome antes de se posicionar.

545
Varie a ginástica
Quem repete sempre o mesmo exercício se entedia e desiste mais fácil. Alterne corrida, bicicleta e ioga após o trabalho. Por trabalhar uma gama de músculos, o treino combinado deixa você mais em forma do que uma única modalidade e reduz o risco de lesões.

546
Faça sauna
Estudos sugerem que a sauna oferece alguns dos benefícios de exercícios aeróbicos que fortalecem o sistema cardiovascular, a pressão sanguínea e o funcionamento dos pulmões. E queima tantas calorias quanto uma corrida leve! (Evite se estiver grávida, tiver pressão alta ou problemas de coração.)

547
Mergulho frio
Depois da sauna, não evite o chuveiro frio ou um mergulho na piscina. Essa

548
Sequência de ioga ativa
Para se aquecer depois do trabalho, tente esta sequência de ioga. É melhor fazê-la num tapetinho próprio, para não escorregar. Tente sempre de novo, pois fica mais fácil com a prática. No começo, tudo bem se você andar em vez de pular.

1 Inspirando, fique em pé e levante os braços. Soltando o ar, apoie as mãos perto dos pés. Inspirando, pule, jogando os pés para trás (Cachorro olhando para baixo).

2 Expire. Inspirando, pule na direção das mãos, agachada e com as pernas cruzadas. Soltando o ar, pule de volta para a posição do cachorro.

3 Inspirando, pule para trazer os pés entre as mãos. Expire e leve a cabeça até as pernas. Inspirando, erga-se e leve os braços acima da cabeça. Soltando o ar, abaixe os braços.

alternância parece aumentar a imunidade e a circulação sanguínea nos órgãos internos e reduzir os hormônios do estresse. Atletas usam a imersão em água fria como forma de se recuperar e melhorar o desempenho.

549
Banho turco
Para aliviar o estresse, experimente o banho turco. Em geral, você relaxa numa sauna a vapor aromatizada com eucalipto para suar e purificar o corpo, depois passa por uma esfoliação vigorosa com uma esponja e, por último, por uma massagem tonificante. (Evite se estiver grávida, tiver pressão alta, doença vascular ou varizes.)

550
Rolfing
Há profissionais especializados nessa técnica de massagem (procure na internet, se não conhecer nenhum), que tem por objetivo realinhar o corpo e mudar a forma de se movimentar. Pode trazer efeitos espetaculares para a sua postura e respiração. Agende uma sessão depois do trabalho.

551
Massagem tailandesa
Pode parecer mais uma sessão de ioga do que uma massagem

O calor da sauna alivia músculos tensionados após um dia de trabalho.

relaxante: o terapeuta usa braços, pernas e pés para manipular seu corpo com posições similares às de ioga, massageando com as mãos e os pés. Você ganha vitalidade instantaneamente.

552
Programa noturno
Alguns museus e galerias de arte oferecem programação noturna. Admirando quadros e esculturas, você pode andar bastante sem perceber. É uma forma de se exercitar.

553
Coral
Estudos indicam que cantar em coral estimula o otimismo, a atenção, o bem-estar, a energia e a autoestima, além de afastar o desânimo. Um estudo mostrou que num coral de pessoas com média de idade de 80 anos, elas iam menos ao médico e tinham menos problemas na vista, depressão, lesões corporais e necessidade de medicação. Cantar as deixava em forma! E outro estudo ainda concluiu que cantar aumenta a imunidade.

554
Clube do livro
Ler em grupo pode promover bem-estar físico e mental: pessoas que participam de clubes do livro aliviam sintomas de depressão e ganham autoconfiança. Se você não gosta de ler, pode apenas ouvir enquanto outros leem.

555
Visite uma horta
Saia do trabalho e passe num espaço produtor de alimentos naturais, que tenha ali mesmo uma plantação. Assim você pode experimentar vegetais e frutas e aprender com os proprietários.

556
Aprenda a plantar
Procure cursos noturnos de horticultura e plantio de orgânicos. Você pode combiná-lo com aulas de culinária em outra noite da semana.

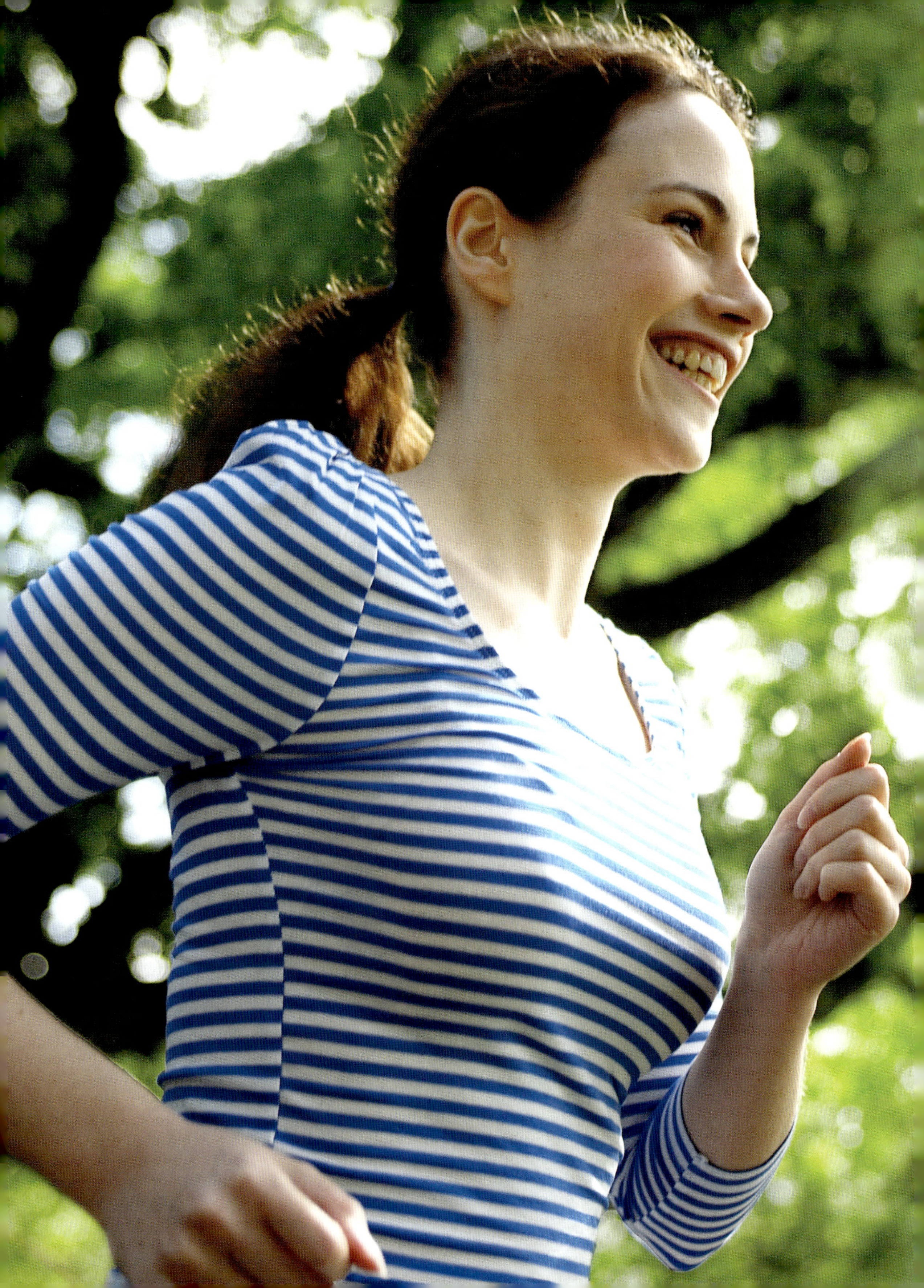

4 Ativa ao ar livre

O tempo médio que perdemos no trânsito vem aumentando a cada ano. Levar e buscar as crianças na escola, ir e vir do escritório, entre outros compromissos, toma um bocado de tempo. Uma maneira de evitar os males que esses deslocamentos trazem – desde a poluição do ar à obesidade devido ao sedentarismo – é deixar o carro na garagem e caminhar. Indo a pé, você não só se exercita, como pode calcular quando irá chegar, o que diminui o estresse. Mas o melhor de tudo é poupar tempo. Portanto, ande a pé e incentive seus filhos a fazer o mesmo. Veja como.

A caminho do trabalho

Ir trabalhar, seja de transporte público ou próprio, chega a levar mais de 1 hora. Exercitar-se nesse trajeto é uma ótima opção para se manter em forma. Andar 45 minutos (cerca de 5 km) por dia queima em torno de 300 calorias, o que é suficiente para combater a gordura localizada e perder peso. Apenas 30 minutos diários de caminhada já previnem ganho de peso para quem é totalmente sedentário.

Planeje o trajeto até o trabalho e procure opções saudáveis para se hidratar, como sucos naturais feitos na hora.

557
Calcule o tempo do trajeto
É um grande desperdício usar o carro para percorrer distâncias curtas. Calcule seu trajeto até o trabalho e veja se você não pode optar por uma maneira mais saudável – caminhando ou andando de bicicleta. Para percorrer 3 km (em terreno plano) caminhando você leva cerca de 30 minutos; de bicicleta, apenas 10.

558
Incentive os colegas
Faça cartazes incentivando seus colegas a andar de bicicleta ou ir a pé para o trabalho e coloque nos murais da empresa. Mostre como ser mais ecológico é saudável e mantém a forma. Quem pode ir a pé, descarrega o estresse acumulado durante o dia. Mudando os hábitos, seus colegas nem precisarão mais frequentar a academia.

559
Ânimo matinal
Pedalar ou caminhar pode ser a solução para quem já chega ao trabalho com dor de cabeça e preocupada com as decisões que terá de tomar. A atividade aeróbica prepara a mente para o trabalho.

560
Metabolismo acelerado
Você ainda precisa de mais argumentos? Pedalar 20 minutos já queima 100 calorias. Também acelera o metabolismo, estimula a absorção do alimento e mantém o corpo em forma.

No café da manhã, capriche nas frutas.

561
Estude o mapa
Consulte um mapa de sua cidade para conhecer os possíveis trajetos. Procure um guia de ruas na internet utilizando uma ferramenta de busca.

562
Escolha o trajeto
Planeje bem o caminho, pedalando em ciclovias ou ruas calmas, residenciais e bem iluminadas, onde não haja grandes riscos de acidente. Se possível, evite as calçadas.

563
Pratique ciclismo em grupo
Entre num grupo que se reúne para pedalar frequentemente em parques e ruas da cidade. Com ciclistas mais experientes, você conhecerá trajetos cada vez melhores.

A CAMINHO DO TRABALHO 115

564
Evite tentações
Desvie-se de padarias e docerias. Faça uma rota alternativa – de preferência, com uma quitanda ou casa de sucos no caminho.

565
Café da manhã na rua
Na correria, muitas pessoas tomam café da manhã fora de casa, mas esse hábito é associado a um risco crescente de obesidade porque, em padarias, as pessoas tendem a pedir comidas mais calóricas e gordurosas. Você pode comer no caminho, mas fuja de frituras e folhados e fique com suco de fruta, vitamina, pão de queijo, iogurte e sanduíches no pão integral.

566
Antecipe-se
Antes de se deitar, separe os tênis e as roupas apropriadas, caso vá pedalar. Quando acordar, você já estará a meio caminho do **exercício**.

567
Esconda a chave
Se tiver preguiça em cumprir a meta de se exercitar, peça para alguém esconder a chave de seu carro um dia antes. Assim, você será obrigada a não mudar de ideia.

568
Intercale
Você não precisa andar ou pedalar o trajeto inteiro. Percorra um trecho de ônibus, trem ou metrô e caminhe o restante.

569
Desça um ponto antes
Para aumentar a resistência física, desça do ônibus no ponto anterior ao seu durante uma semana. Na semana seguinte, desça dois pontos antes e assim sucessivamente.

*Aumente sua **resistência** descendo do ônibus um ponto antes.*

Use roupas apropriadas para **esporte** e troque-se quando chegar ao trabalho.

570
Roupas extras no trabalho
Deixe mudas de roupa, incluindo sapatos, no trabalho. Com isso, você poderá se exercitar no caminho sem ter de levar uma sacola pesada.

571
Vista-se adequadamente
Use roupas apropriadas para caminhar ou pedalar, passe protetor solar e leve uma capa de chuva. Se estiver frio, vista uma camiseta leve por baixo e coloque o agasalho por cima, caso esquente.

572
Preciso de tênis novos?
Os tênis ideais suportam a dilatação dos pés – que aumentam após uma caminhada de 30 minutos – e não machucam no caso de cãibras. Peça auxílio numa loja de artigos esportivos (veja dica 607).

573
Prove de meias
Quando escolher tênis novos, experimente-os de meias.

574
À prova d'água
Uma boa capa de chuva protege das mudanças repentinas de tempo.

A CAMINHO DO TRABALHO 117

Ficar em pé no metrô queima 70 calorias a mais por hora.

Há jaquetas leves que podem ser facilmente dobradas, sem ocupar muito espaço. Procure alternativas com capuz ou até mesmo mangas removíveis, de tecidos leves e quentes, como *plush*. Há também calças impermeáveis, para dias chuvosos.

575
Planeje-se
Veja se a estação de metrô próxima a sua casa tem estacionamento para bicicletas. Outra opção é a bicicleta dobrável, bastante conveniente caso você precise carregá-la no metrô ou trem. Desse modo, o transporte não se torna um obstáculo e você não perde a motivação.

576
Memorize as saídas
Decore para que lado da plataforma está a saída da estação de metrô ou trem mais próxima do seu destino e viaje sempre no vagão mais distante dela. Assim, você percorrerá um trajeto maior todos os dias.

577
Viaje em pé
Não tem onde sentar no metrô ou ônibus? Aproveite: viajar em pé faz você gastar 70 calorias a mais por hora do que se estivesse sentada.

578
Treine o equilíbrio
Para tonificar os músculos do abdome e os que sustentam a coluna, fique em pé no metrô ou no ônibus, sem se segurar. Mantenha-se ereta, com os pés virados para frente, separados na largura do quadril, e os joelhos levemente flexionados. Alinhe as orelhas, os ombros, os quadris e os joelhos. Acalme a mente e veja se consegue ir "surfando".

579
Abuse da tecnologia
Você adora parafernálias tecnológicas? Então pesquise na internet os tipos de sensores de batimentos cardíacos e pedômetros, aparelhos de MP3 fáceis de encaixar na roupa e tecidos antitranspirantes. Isso irá encorajá-la a ir a pé ou de bicicleta.

580
Caminhada calculada
Alguns pedômetros calculam o número de passos e a distância percorrida. Escolha um que indique o comprimento de um trajeto, para que você consiga planejá-lo antes.

581
Ligue o som
Pesquisadores da Universidade Estadual de San Diego (EUA) descobriram que novos praticantes acham o exercício mais fácil quando estão ouvindo música ou conversando com um amigo. Lembre-se disso quando decidir caminhar até o trabalho.

A caminhada até o trabalho fica mais fácil se você for ouvindo música.

Dirigir e alongar-se

Se você dirige, adote alguns ajustes posturais para proteger a coluna, o pescoço e os ombros, prevenindo lesões e atrofia muscular. Quando chegar ao seu destino, alongue-se e ative a circulação com uma breve caminhada rápida.

582
Assentos para adultos
Assentos ergonômicos corrigem a má postura e posicionam o quadril corretamente, para que os glúteos fiquem num nível acima das coxas.

583
Ajuste o banco
Encoste a parte superior dos glúteos no encosto do banco, assim toda a parte inferior das coxas ficará no assento.

584
Esvazie os bolsos
Para ajudá-la a se sentar corretamente, com o quadril em equilíbrio (prevenindo assim a dor lombar), tire o que estiver no bolso, como chaves e carteira.

585
Alongamento na direção
Para fortalecer os músculos do abdome e os que sustentam a coluna, sente-se ereta, erguendo-se da cintura até o peito. Quando expirar, contraia o quadril e o abdome, puxando-os na direção da lombar. Segure o ar por 30 segundos e relaxe. Repita 2-3 vezes.

Faça pausas: em viagens longas, pare regularmente, ande, mexa-se e alongue-se.

586
Levante-se e mexa-se
Faça uma pausa a cada 40 minutos. Ande um pouco e alongue-se, depois relaxe o corpo e chacoalhe-se por 15 segundos.

587
Balance os braços
Fique em pé, com os pés separados na largura do quadril e os braços ao longo do corpo. Contraia o abdome e balance os braços, de modo que eles se movam na frente do corpo. Deixe o tronco e a cabeça acompanharem o movimento. Repita por 2-3 minutos.

588
Estacione longe
Estacione o mais longe possível da saída do estacionamento, assim você coloca mais atividade física em seu dia a dia. Também ficará mais fácil encontrar uma vaga.

589
Comemore o Dia sem Carro
Uma vez por ano, deixe o carro na garagem. Nesse dia, que é comemorado em 22 de setembro, os níveis de monóxido de carbono e de nitrogênio caem vertiginosamente, melhorando bastante a qualidade do ar nas cidades. Além disso, sua saúde agradece.

590
Não fume por tabela
No trânsito, feche as janelas do carro. Assim como acontece com fumantes, respirar o monóxido de carbono do ar poluído diminui o oxigênio que o sangue distribui para os órgãos e os tecidos.

Vá a pé para a escola

Nas grandes cidades, o número de crianças que vão para a escola de carro aumentou muito desde 1985. Cerca de 40% das crianças de até 10 anos estão "motorizadas". Caminhar para a escola combate a obesidade infantil e reduz o nível de dióxido de nitrogênio, associado a doenças respiratórias.

591
Pense no futuro de seu filho
Ensine-o que existem boas alternativas para se locomover, assim ele ficará menos dependente do carro quando crescer.

592
Pulmões fortalecidos
O exercício aeróbico (andar ou pedalar até ficar ofegante) garante o bom funcionamento dos pulmões. Se for praticado longe do ar poluído do trânsito, melhor ainda.

593
Uma vez por semana
Ir a pé para a escola uma vez por semana, ou a cada quinze dias, já é um ótimo começo. Não se culpe se não conseguir mais que isso logo de cara.

594
Andar com amigos
Crianças que vão para a escola na companhia de amigos chegam mais felizes, indicou um estudo da First Group Student, empresa britânica de ônibus escolares. Caminhar com amigos torna a ida às aulas mais divertida e é uma boa forma de fazer amizades.

Crianças que não dependem do carro tornam-se adultos mais ativos.

595
"Vá a pé para a escola"
Ajude a promover essa campanha na escola de seu filho e motive as crianças com competições, pôsteres e atividades extracurriculares durante uma semana.

596
Levante fundos
Ajude a levantar fundos para a compra de uma bicicleta, que pode ser o prêmio de uma campanha chamada "Pedale até a escola", ou organize rifas de cestas de café da manhã para conseguir comprá-la e faça uma palestra na escola sobre os benefícios desse exercício.

597
Estacione e ande
É mais fácil achar vaga para estacionar um pouco mais longe da escola. Pare o carro cada vez mais longe e ande até a escola.

598
Peça ajuda aos amigos
Se você mora longe da escola, dê uma carona para seu filho até a casa de um amigo que vai a pé todos os dias.

599
Caravana
Organize um grupo de caminhada com muitas crianças: um adulto irá guiando a turma.

Caminhe com outros pais e coloque o papo em dia.

600
Exemplo
Dê o exemplo, pois crianças pequenas aprendem a se comportar nas ruas com segurança observando o comportamento dos adultos.

601
Descubra a natureza
O que a criança pode achar pelo caminho que possa usar num trabalho escolar? Folhas secas, pedrinhas... Desperte o interesse de seu filho pela natureza enquanto vocês se exercitam.

602
Alfabeto saudável
Anime a caminhada com jogos e brincadeiras: pergunte às crianças nomes de frutas e vegetais com todas as letras do alfabeto.

603
Caminhe e converse
Organize um grupo de pais para caminhar por 30 minutos após deixar os filhos na escola. É mais fácil se exercitar enquanto coloca as fofocas em dia.

604
Mais segurança
Se motivos de segurança (como a falta de policiamento) a impedem de deixar os filhos irem a pé para a escola, por que não reivindicar melhorias junto às autoridades?

605
Escolha uma escola próxima
Assim, é possível ir caminhando, e tudo ficará mais prático, concentrado no seu bairro.

Transforme a caminhada para a escola num momento educativo e divertido.

Caminhe com gosto

Uma caminhada de 30 minutos, num ritmo que a deixe ofegante, praticada cinco vezes por semana, melhora a cognição, reduz o estresse, aumenta a energia e evita doenças do coração, derrame, diabetes e muitos tipos de câncer. Trotar ou correr trazem ainda mais benefícios. Então, aperte o passo!

Calçados ergonômicos como as papetes fortalecem os **músculos**.

606
Passo a passo
Dar 10 mil passos por dia (cerca de 8 km) mantém o corpo em forma e reduz a taxa de gordura corporal, além de acelerar o metabolismo e trazer diversos benefícios à saúde. Só que, em geral, damos apenas 4,5 mil passos por dia. Que tal dar mais 3,5 mil? Se puder, calcule-os com um pedômetro.

607
Tênis certos
Os tênis para caminhar têm de ser flexíveis o suficiente para que os seus pés se movimentem do calcanhar à ponta a cada passo. Escolha com a ajuda do vendedor, de preferência numa loja especializada em artigos esportivos ou ergonômicos. Os tênis ergonômicos fortalecem os músculos dos pés, pernas, glúteos e coluna, aliviando a tensão muscular e corrigindo a postura.

608
Controle do suor
Meias adequadas fazem uma grande diferença. Pesquise sua opção ideal, de preferência com um tecido natural, como algodão, linho ou lã pura, que deixam o pé respirar e não causam odores como os tecidos sintéticos.

609
Intensifique
A cada passo, apoie bem a ponta dos pés e os dedos para intensificar o exercício.

610
Olhe para a frente
Sua postura melhora durante a caminhada se você focar o olhar cerca de 6 m para frente. Olhar para baixo faz curvar os ombros e soltar o abdome, o que impede de respirar de modo eficiente. Enquanto anda, imagine-se flutuando até seu ponto focal.

611
Barriga para dentro
Imagine-se sendo puxada para a frente a partir da região abdominal inferior (abaixo das costelas). Encaixe o abdome para dentro, em direção à lombar, conforme expira, mantendo a área ativa.

612
Feche a boca
Respire pelo nariz enquanto anda, deixando-o filtrar o ar poluído da cidade, o pólen das flores e os germes. Se sentir que precisa abrir a boca para respirar, diminua o ritmo até recuperar o fôlego.

613
Escolha seu top

Nem todos os *tops* de ginástica precisam ser apenas práticos; eles podem e devem ter modelos e cores que a agradem. Um *top* de bom corte, que permita a sustentação dos seios, deixa a caminhada ou a corrida muito mais confortável. Escolha um modelo bonito e confortável, que não a aperte.

614
Caminhada nórdica

Usar bastões enquanto se caminha tonifica a parte superior do corpo: não apenas o desafiador "músculo do tchau", mas também os músculos peitorais e os que sustentam a coluna. Também ajuda a aliviar a tensão do pescoço e dos ombros. A caminhada nórdica queima mais calorias do que a caminhada comum (queima 20% a mais de calorias, cerca de 400 por hora). Os bastões amortecedores também reduzem o impacto das articulações do quadril e do joelho. O ideal é testar o equipamento e aprender a técnica com um instrutor. Pesquise sobre esse exercício na internet.

A caminhada nórdica com bastões fortalece a parte superior do corpo.

615
Use os braços
Na caminhada, coordene o movimento do braço com o da perna oposta a ele, como numa marcha. Mantenha-os flexionados, movimentando-se na lateral de seu corpo.

616
Cuide dos pés
Alivie calos, torções, cãibras ou machucados mergulhando os pés numa bacia de água morna com 20 gotinhas de confrei. (Evite escalda-pés se a pele estiver rachada, durante a gravidez e o aleitamento e perto de crianças.)

617
Remédios homeopáticos
Evite se machucar: tome remédios homeopáticos antes e depois de caminhadas e corridas (não deixe também de se aquecer e se alongar). A arnica é um dos medicamentos mais indicados para evitar lesões.

A arnica ajuda a prevenir lesões.

618
Massagem calmante
Uma pomada de arnica é item obrigatório na mochila de quem caminha e/ou corre. Quando chegar ao seu destino, tire os tênis e as meias e faça um escalda-pés (veja dica 616). Seque os pés e passe um creme. Os alpinistas mascam folhas de arnica para prevenir lesões e elevar o nível de histamina.

619
Aqueça e refresque os pés
Esta sequência de alongamento inspirada na ioga aquece os pés, dedos, calcanhares e músculos da panturrilha antes da caminhada (ou da corrida) e alivia a tensão depois do exercício.

1 Sente-se com as pernas esticadas à frente e os pés separados na largura do quadril. Apoie-se nos braços esticados. Expirando, estique as pontas dos pés. Inspirando, dobre-os na sua direção. Repita 10 vezes, devagar.

2 Ainda com as pernas esticadas, faça 5 círculos para dentro. Depois, mais 5 círculos para fora. Então faça círculos com os dois pés no mesmo sentido: horário e anti-horário.

Suba na bicicleta

Andar de bicicleta nas cidades é uma tendência do momento, devido à construção de ciclovias e dos benefícios ao meio ambiente, como a redução de poluição sonora e do ar. Sem contar os benefícios à saúde: ciclistas têm uma resistência física similar à de pessoas 10 anos mais jovens do que eles e vivem dois anos a mais do que os que não pedalam. Além disso, têm um belo corpo!

Mantenha sua bicicleta em bom estado para pedalar quilômetros em segurança.

620
Escolha a bicicleta
É importante escolher uma bicicleta apropriada à geografia do seu bairro: plana ou irregular; úmida ou seca; asfaltada ou de terra. Peça orientação a alguém do ramo. Se ainda tiver dúvida, alugue bicicletas diferentes e experimente-as.

621
Comprando de segunda mão
Se pretende comprar uma bicicleta usada, atenção: uma reforma pode custar mais do que comprar uma nova. Avalie se vale a pena essa compra.

622
Prepare a bicicleta
Ajuste a altura do banco, dos pedais e do guidão para pedalar com conforto e segurança. Para trabalhar bem os músculos e não sentir incômodo no banco, veja se sua perna fica quase esticada ao sentar-se e se você alcança o pedal ao girá-lo completamente. Por último, ajuste o guidão.

623
Pedale sem medo
A não ser que você tenha certeza do estado de seu capacete, compre um novo. E, caso sofra um acidente, compre outro. Use refletores nos pneus e nos pedais e sinais fluorescentes na jaqueta e na mochila. Se possível, acione as luzes a partir do anoitecer e uma buzina para alertar pedestres.

624
Ouvidos livres
Evite ouvir seu iPod enquanto pedala (a não ser na bicicleta ergométrica, claro). Você precisa de todos os seus sentidos para qualquer eventualidade.

625
Cadeado na bicicleta
Em vez de levar as crianças de carro até o parque, que tal ir de bicicleta com elas? Use bons cadeados para deixar as bicicletas estacionadas ou acorrente-as a uma grade. Alguns modelos têm bancos e pedais removíveis.

626
Recomeçar
Se você não anda de bicicleta desde pequena, pratique numa via calma até pegar o jeito novamente. Você também pode procurar um instrutor para ajudá-la a resgatar a autoconfiança e aprender as regras do trânsito.

627
Manutenção
Limpe sua bicicleta com regularidade. Retire a lama e o excesso de óleo da corrente e teste o breque. Uma vez por ano, faça uma revisão numa bicicletaria.

628
Carregando peso
Se estiver levando materiais de trabalho ou compras na mochila, numa caixa ou numa cestinha, tome cuidado para o peso não atrapalhar seu equilíbrio. Procure concentrar o peso na parte de trás e mais abaixo de você. Na frente e no alto, ele pode deixá-la bamba.

629
Não se preocupe
Motoristas de carro inalam mais ar poluído, pois ficam no "túnel da poluição", enquanto ciclistas circulam nos arredores. Não deixe esse receio impedi-la de pedalar.

630
Local de circulação
Não pedale pelo meio fio, pois assim você fica escondida e corre risco de se deparar com um carro estacionado. Fique a pelo menos

Ao comprar uma bicicleta, leve em conta o tipo de terreno em que irá andar.

1 m do meio fio. Faça sinais com as mãos e mantenha contato visual com motoristas e pedestres.

631
Está queimando calorias?
A cada quilômetro pedalado, você queima cerca de 35 calorias. Calcule a distância e multiplique.

632
Compare sua resistência
Para verificar a evolução da sua resistência, percorra o mesmo trajeto três vezes por semana por 30 minutos pelo menos. Quanto mais voltas conseguir dar nesse tempo, a cada dia, maior será a sua resistência.

633
Mais esforço
Conforme for ficando resistente, aumente o trajeto, acrescentando de 3 a 5 km por vez, ou enfrente ladeiras e terrenos irregulares.

634
Pedale para o coração
Ciclistas tendem a ter um risco reduzido de ataques do coração e de pressão alta porque andar de bicicleta é um ótimo exercício cardiovascular, além de afastar o estresse. Para fortalecer o coração e os pulmões, aumente o esforço gradualmente, durante vários meses.

635
Mais peso
Empurrar um carrinho com uma criança ou com compras é uma boa maneira de tonificar os músculos das pernas, dos glúteos e do coração.

636
Alongamento após andar de bicicleta
Esta sequência relaxa a parte superior das coxas, o quadril, a cervical e os músculos do abdome. No primeiro passo, o joelho tem de formar um ângulo de 90° com o pé.

1 Ajoelhe-se e apoie o pé direito na frente do corpo. Coloque as mãos sobre o joelho e incline-se sobre ele. Repita com a perna esquerda.

2 Sente-se com as solas dos pés unidas, os calcanhares na direção da virilha. Apoie as mãos para trás e abra bem o peito.

3 Deite-se com os joelhos flexionados e a sola dos pés no chão. Cruze um pé sobre o joelho e alongue. Repita do outro lado.

Aventure-se

Em um estudo realizado em 2007, dois terços dos britânicos que tiram férias afirmaram que ganham peso na viagem, e 5% deles chegam a engordar 6 kg! Que tal aproveitar as férias para suar a camisa e voltar mais magrinha?

637
Tire férias
Se você encarar as férias como uma oportunidade para cuidar do corpo, vai pensar duas vezes antes de vendê-las para a empresa.

638
Viaje de bicicleta
Algumas agências organizam passeios e excursões de bicicleta para conhecer uma determinada região, como a Toscana, na Itália. Sua bagagem é levada de hotel em hotel enquanto você pedala por entre as cidadezinhas. À noite, boa comida e cama confortável esperam por você.

639
Torne-se uma heroína
Se você é uma boa ciclista, espelhe-se nos heróis que atravessaram altas montanhas de bicicleta. Participe de uma maratona ou competição, como o "caminho francês", nos Pirineus, entre o Mediterrâneo e o Atlântico.

640
Use um mapa
Se está acostumada a usar o GPS na cidade, desenvolva sua habilidade de ler mapas enquanto caminha pela mata ou por montanhas. Eles indicam, inclusive, onde estão as atrações imperdíveis de determinada trilha.

641
Caminhe por uma causa
Participe de caminhadas, passeios ciclísticos e passeatas em prol de alguma causa social na qual você acredite. Dessa forma, você exercita o corpo e, ao mesmo tempo, o altruísmo, o engajamento e a autoconfiança.

642
Pratique com antecedência
Antes de fazer uma viagem esportiva com trilhas e outras aventuras, reserve um fim de semana para praticar num terreno similar ao do seu destino.

Em trilhas, não deixe de levar um mapa para não se perder no caminho.

O caiaque a leva a lugares exuberantes e ainda a mantém em forma.

643
Analise-se
Antes de embarcar numa viagem com fortes caminhadas, peça para um preparador físico avaliar sua postura ao andar (o ângulo dos pés, o impacto) e sugerir mudanças e tênis ideais para você.

644
Preparo para trekking
Mesmo que você tenha uma vida ativa, é bom se preparar pelo menos quatro meses antes de encarar uma viagem ecoturística que envolva *trekking* e outras atividades físicas intensas. Faça um *check-up* e consulte um instrutor físico e um nutricionista para montar um treinamento adequado.

645
Alongamento pós-trilha
Alongue panturrilhas, mãos e braços: em pé, um pouco distante de uma parede, alongue os braços acima da cabeça e permaneça assim por alguns segundos. Depois, coloque um pé à frente, apoie as palmas no alto da parede e alongue-se sobre o calcanhar de trás. Sinta-se alongando os braços e a parte de trás das pernas. Repita com o outro pé.

646
Passeios a cavalo
Andar a cavalo fortalece os glúteos, as coxas, as panturrilhas e os músculos do abdome, pois você aprende a se sentar de forma ereta sem ter um encosto. Pode queimar mais de 400 calorias por hora.

647
Camelos no deserto
Para os mais aventureiros, andar de camelo também é uma opção para conhecer as belezas da paisagem desértica africana ou do Oriente Médio. Você vai se encantar com os animais, o pôr do sol e o céu estrelado do deserto, ao mesmo tempo em que fortalece os glúteos e as coxas. Prepare-se para andar numa parte do caminho.

648
Atividades na água
Pense no caiaque como uma forma de caminhar sobre a água. Ele a leva a lugares que outros meios de

649
Peregrinação
A caminhada de peregrinação é uma forma de despertar espiritual entre as tradições de fé. Caminhar para um lugar sagrado ou que tenha significado espiritual para você pode levar desde uma tarde até semanas. Em ambos os casos, trata-se de uma prática válida, pois inclui a oração, que é relacionada à redução do estresse e da pressão arterial e ao aumento da expectativa de vida. A repetição e a exaustão física de caminhar acalmam a mente agitada, levando ao equilíbrio e ao estado de oração.

650
Desvende um labirinto
Os labirintos são símbolos antigos de crescimento espiritual. À medida que procura o centro dos caminhos emaranhados e depois a saída para o mundo externo, você viaja até seu eu interior. Visite labirintos em cidades europeias, igrejas e parques.

Andar a cavalo tonifica os músculos e a mente.

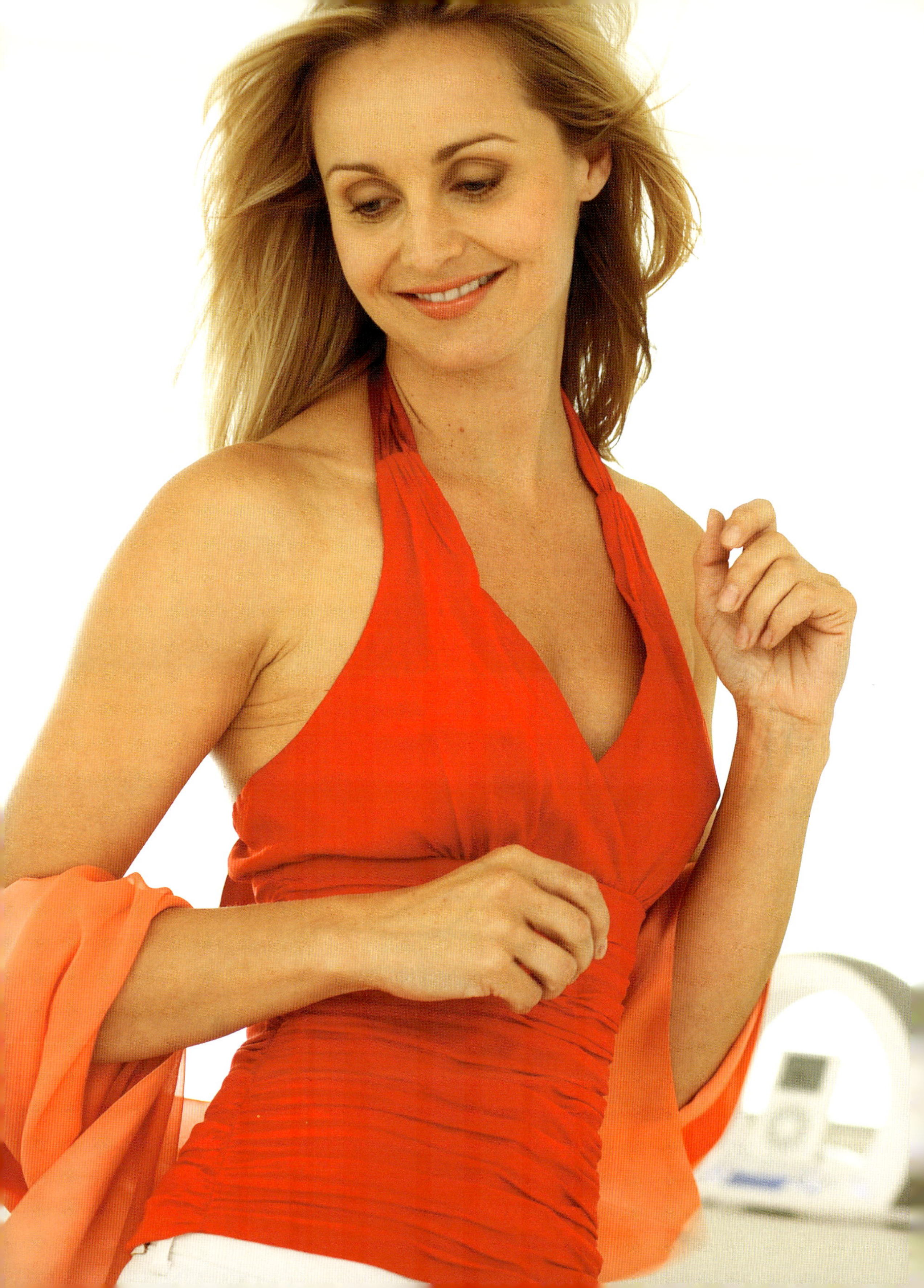

5 Divirta-se fazendo exercícios

Ficar em forma não significa abrir mão de tudo de que se gosta, mas descobrir novos passatempos que coloquem o corpo e a mente em movimento. Brincar e jogar, sobretudo ao ar livre, não só ajudarão a afinar a sua cintura, como a deixarão mental e emocionalmente em forma. Não é preciso mergulhar em experiências selvagens, como trilhas em mata fechada, para se exercitar junto à natureza. Vale qualquer atividade que a coloque em contato com o verde, mesmo em plena cidade grande: levar o filho para o parque mais próximo ou se envolver de perto em causas ecológicas. A melhor de todas as opções é desligar a televisão e sair de casa, o que a manterá ativa por mais tempo.

Desligue a televisão

A televisão ainda é a invenção tecnológica que nos mantém mais inativos. Na maioria das casas, a tevê fica ligada por mais de um terço do dia, e não apenas no horário nobre, o que significa que ficamos sentados no sofá mesmo quando há sol lá fora.

Aproveite o intervalo comercial para se exercitar um pouco.

651
Use o cérebro
Pessoas que mantêm o cérebro ativo praticando palavras-cruzadas, frequentando bibliotecas ou aprendendo línguas estrangeiras mantêm a memória e a cognição em forma até uma idade avançada. Desligue a tevê e coloque o cérebro para funcionar!

652
Tricote durante os programas
Ficar sentada em frente à televisão desacelera o metabolismo. Tricote ou desenhe para mantê-lo à toda.

653
Não à tevê por assinatura
O número de canais pode aumentar seu tempo em frente à televisão. Mantenha um número mínimo de canais.

654
Pare de zapear
Faça seus filhos esconderem o controle. Ter de se levantar para trocar de canal deixa a televisão menos atraente.

655
Posição apropriada
Sente-se sobre uma almofada com os joelhos separados e os calcanhares unidos, um na frente do outro. Coloque almofadas embaixo dos joelhos, se eles não tocarem o chão. Manter os joelhos num nível mais baixo que o quadril protege a coluna.

656
Agachamentos no intervalo
Fique em pé e separe os pés na largura do quadril. Imagine que eles estão colados no chão. Mantendo os joelhos alinhados, agache o máximo que conseguir.

657
Ginástica na telinha
Procure programas de ginástica na tevê ou na internet. Um instrutor mostra como fazer os exercícios e você o acompanha em casa.

Anfitriã da saúde

Se entre amigos parece ainda mais difícil driblar o consumo de calorias, convide-os para a sua casa. Desse modo, você ficará responsável pelas refeições nos encontros sociais. Preste atenção às bebidas, pois o álcool contém por grama quase as mesmas calorias que a gordura.

Exercite o cérebro: desligue a tevê e participe de um grupo de leitura ou aprenda um idioma.

658
Dia de jogo
Não se esparrame no sofá para assistir ao jogo. Saia de casa e vá a um bar com tevê ou reúna-se com amigos.

659
Sente-se numa bola
Enquanto assiste ao seu programa favorito, sente-se numa dessas bolas usadas em aula de pilates. Assim você exercita os músculos abdominais e de sustentação da lombar.

660
Radiação
A tela de televisores e computadores emite radiação, que, segundo terapeutas naturais, suga a energia. A essência *Radiation* é uma combinação de florais australianos formulada para combater esse efeito. Tome algumas gotas para recuperar a energia.

661
Caminhada antes do jantar
Leve seus convidados para dar uma volta antes do jantar. Talvez vocês possam assistir a um belo pôr do sol. Um estudo mostrou que mulheres obesas que andavam por 20 minutos sentiam-se depois como se tivessem feito uma refeição leve.

662
Encontros temáticos
Escolha um tema que envolva atividade física para os seus encontros, como Copa do Mundo, Jogos Olímpicos ou piquenique no parque.

663
Brincadeiras de festa
Em vez de ficarem sentados bebendo e comendo, brinquem de:
- Caça ao tesouro
- Charadas
- Vôlei
- Queimada
- Futebol

664
Não coma demais
Pesquisas sugerem que quando comemos em grupo comemos mais. E quanto maior o grupo, mais calorias são ingeridas! Lembre-se disso nas festas.

665
Anfitriã consciente
Cuidado com os aperitivos. Sirva a refeição em porções individuais em vez do sistema *self-service*.

Divirta-se com jogos que exijam atividades físicas, em vez de só beber e comer.

666
Circule, circule
Para não ficar parada ao lado da mesa de comidas e bebidas, tenha por objetivo conversar com todas as pessoas da festa.

667
Pratos pequenos
Como anfitriã, sirva em pratos pequenos. Na casa dos outros, opte por um prato menor ou encha metade de um prato grande com salada.

668
Sirva chá
Substitua o vinho por chá. O chá verde tem zero calorias e é mais rico do que o vinho em polifenóis antioxidantes. Sirva-o em lindos bules de porcelana.

669
Chá gelado
É a bebida perfeita para encontros vespertinos. A doçura do suco de maçã substitui o açúcar.

4 saquinhos de chá mate
350 ml de suco de maçã natural
½ limão fatiado
½ laranja fatiada
1 maçã fatiada
1 porção de folhas de hortelã

Coloque chá num bule e despeje

Escolha uma pequena taça de vinho em vez de drinques supercalóricos.

água fervente. Após 20 minutos passe para uma jarra e deixe esfriar. Acrescente o suco de maçã, as frutas fatiadas, a hortelã e cubos de gelo.

670
Beba um bom vinho
Drinques com álcool tendem a ser mais calóricos e artificiais do que o vinho e a cerveja comum. Uma taça pequena de vinho tem cerca de 80 calorias.

671
Alterne drinques
Em festas, após cada drinque alcoólico, beba um copo de água.

672
Leia o rótulo
Veja a graduação alcoólica e opte pelo vinho com menos álcool (e, por consequência, calorias).

673
Meça o copo
Quanto você bebe? Encha de água a taça que costuma usar para beber vinho e meça a quantidade. Agora coloque 125 ml, que é a unidade ideal.

674
Dilua
Coloque 125 ml de vinho branco numa taça e complete com água com gás e gelo para criar um drinque *light* e borbulhante.

675
Olhe sem as mãos
Em festas, segure um copo de água numa mão e uma taça de vinho na outra. Assim, você não belisca batatinhas.

676
Prefira vinho de clima frio
Quanto mais quente for o clima na região da vinícola, mais alcoólicos e calóricos seus vinhos tendem a ficar. Opte por vinhos de uvas que crescem em lugares de clima frio, como o Riesling alemão branco.

677
Não passe fome
Se você deixar o consumo de calorias apenas para o álcool e não comer antes de sair de casa, é provável que se renda aos petiscos após alguns

678
Coma antes de sair
Antes de ir para uma festa, coma uma banana, um sanduíche de frango no pão integral ou beba um copo de leite desnatado. Você ficará menos tentada diante dos petiscos e da bebida.

drinques. O álcool baixa o nível de glicose do sangue, e o cérebro entende isso como fome.

679
Beba nas refeições
A melhor forma de beber álcool é numa refeição, colocando a garrafa no meio da mesa para ter controle do quanto já bebeu.

680
Molho picante
Sirva aos seus convidados como acompanhamento de vegetais crus.

2 cebolas roxas picadinhas
2 pimentas verdes picadinhas
8 tomates picados
coentro fresco a gosto
2 limões
sal grosso e pimenta-do-reino a gosto

Misture a cebola, as pimentas e os tomates numa tigela. Pique o coentro e misture. Esprema os limões por cima e tempere.

681
Patê saboroso
Misture 250 g de sardinha em lata com uns tomates e 250 g de *cream cheese light*. Bata no liquidificador com 3 colheres (sopa) de salsinha e um pouco de suco de limão.

682
Vá de japonês
A culinária japonesa tradicional é saudável por ser baseada em arroz e outros grãos, peixes, frutos do mar e algas e por não conter muita gordura animal e laticínios. Compre um livro de receitas japonesas.

683
Evite saquinhos
Salada pré-lavada, vendida em pacotes, é mantida numa atmosfera

Aprenda a fazer comida japonesa e desfrute de uma dieta pobre em gordura.

artificial e pode ter níveis menores de nutrientes e antioxidantes, incluindo a vitamina C. Para um aproveitamento máximo de nutrientes, opte por alface fresca e lave-a você mesma.

684
Muita salada
Sirva-se de uma boa quantidade de salada sem molho acompanhada por pequenas porções de alimentos gordurosos, como salmão, queijo e carnes.

685
Prepare o molho
Misture 1 parte de vinagre balsâmico a 6 partes de azeite extravirgem, junte limão, ervas, pimenta e ½-1 colher (sopa) de mostarda e de mel.

686
Permita-se
Desfrute de comidas que parecem proibidas, mas contêm relativamente poucas calorias e muita proteína, além de vitaminas e minerais, como lagosta, siri, camarão e mexilhões.

687
Leve para casa
No restaurante, em vez de se forçar a acabar a comida, peça para embalarem o que sobrar e leve para casa.

688
Frutas suculentas
Componha um prato com frutas:

Algumas comidas parecem proibitivas, mas são saudáveis: a lagosta é rica em vitaminas, mineiras e proteína.

Combine frutas e crie um belo efeito colorido.

- Uvas roxas e verdes
- Papaia e laranja
- Fatias de melão
- Morangos
- Jabuticabas

689
Presente perfeito
Se você tem uma chácara, um sítio, ou mesmo um jardim modesto, aproveite para plantar a sua própria horta ou faça um pomar. Com isso, você colherá seus próprios ingredientes fresquinhos.

690
Lembranças saudáveis
Em vez de doce, distribua uma lembrança diferente em casamentos, aniversários e batizados:
- Ervas aromáticas
- Mudas de planta
- Um bom azeite extravirgem

É hora de dançar

Dançar é uma ótima maneira de ficar em forma, pois, uma vez que você se solta, nem lembra o que está fazendo. E você nem precisa ir para academia. Dance na cozinha enquanto prepara o jantar, com seu bebê, em festas etc. A dança beneficia a circulação, a respiração e os sistemas esquelético-muscular e nervoso.

Dance com seus filhos e queime calorias.

691
Encontre seu estilo
Há um estilo de dança para todo tipo de corpo, nível de resistência e grau de compromisso: da precisão técnica do balé à liberdade do estilo discoteca. Encontre o seu estilo experimentando aulas, assistindo a DVDs e a shows e procurando seus ritmos preferidos.

692
Escolha seu par
A dança de salão é perfeita para quem não se exercita há tempos e gosta de aprender novas técnicas. Além disso, é um antídoto para o isolamento que mantém muitas pessoas, sobretudo um pouco mais velhas, num estilo de vida sedentário.

693
Aprenda passinhos
Procure fontes diferentes para aprender novos passos. Como seu avô dançava na juventude? Peça para ele mostrar. Outra ideia é se tornar instrutora voluntária de exercícios ou de dança numa instituição para idosos. Aprenda com eles!

694
Resgate um gramofone
Compre ou peça emprestado um antigo gramofone e entregue-se aos movimentos das antigas. Você pode levá-lo a um parque ou à praia e criar danças com os amigos (ou leve sua avó ou tia e aprenda com ela o *fox trote*).

695
Sapatos?
Para iniciantes, usar os sapatos certos é essencial para adquirir boa técnica com segurança. O formato e o salto variam de acordo com o estilo de dança, por isso, peça orientação ao professor. Bicos arredondados permitem que os pés deslizem, dando equilíbrio e ajudando a postura. Couro de boa qualidade não deixa o pé suar tanto quanto materiais sintéticos, e sapatos de couro moldam-se aos pés. Se for necessário, faça sapatos sob encomenda.

696
Pouso seguro
Antes de sair pulando e dando piruetas, aprenda a voltar ao chão com segurança. Pouse sobre a parte da frente da sola dos pés, depois transfira o peso para os calcanhares, com os joelhos flexionados. Busque pousar em silêncio: o barulho é proporcional ao impacto na coluna.

697
Aqueça-se
Para prevenir acidentes e sintonizar corpo e mente, comece a dança escrevendo seu nome no ar com diferentes partes do corpo: nariz, quadril, dedos. Isso também é bom para recuperar partes do corpo lesionadas.

698
Noção espacial
Este é um bom aquecimento para todo dançarino. Marque quatro pontos no espaço (não só no chão). Invente e memorize uma série de movimentos durante os quais você toca esses pontos com partes diferentes do corpo.

699
Música para aquecer
Coloque seu CD favorito e dance por 5 minutos para elevar a temperatura do corpo. Quando ficar um pouco sem ar, aqueça as articulações concentrando movimentos em partes do corpo, uma de cada vez: dance com o quadril, os joelhos, os dedos do pé, os ombros, os pulsos e os dedos da mão.

700
Dança em grupo
Se você gosta de se exercitar com os amigos, experimente *street dance* ou *country*. Os dois estilos têm coreografias em grupo e fortalecem o coração e os pulmões, além de desenvolver a coordenação e a postura.

701
Seu corpo no espaço
Enquanto se aquece, mova seu corpo em direções variadas: para cima e para baixo, para um lado e para o outro, para a frente e para trás. Explore também o espaço no chão, de bruços ou com as pernas flexionadas.

702
Alinhe as juntas
Antes de começar a dançar, fique em pé e corrija a postura, posicionando o pescoço acima dos ombros, alinhando estes com o quadril, este com os joelhos e estes com os tornozelos. Relaxe os ombros e abra o peito como se estivesse abrindo um livro (sua coluna é a lombada). Ossos bem alinhados facilitam os movimentos e reduzem o risco de lesões, sobretudo nas juntas, enquanto o peito aberto permite uma respiração mais profunda, oxigenando os tecidos para que você possa se mover com o máximo de eficiência.

703
Faça massagem
Um estudo de 1999 mostrou que alunos de dança que passaram por sessões de massagem duas vezes na semana por um mês acharam que a variedade de seus movimentos aumentou e o equilíbrio e a postura melhoraram, além de apresentarem níveis menores de cortisol, um hormônio do estresse.

704
Questão de hidratação
Se a dança é vigorosa a ponto de fazê-la suar, acrescente ácidos graxos essenciais na dieta, pois eles fazem o corpo absorver melhor a água. Eles são encontrados nos peixes gordos (sardinha, anchova, tainha, salmão, atum), na linhaça e no óleo de nozes.

Dance num grupo com amigos, de modo a se divertir e exercitar ao mesmo tempo.

Use óleos de prímula e germe de trigo na massagem.

705
Aqueça com pilates
Muitos dançarinos usam exercícios do pilates para se aquecerem e acelerar a recuperação após lesões. Os movimentos alongam e fortalecem os músculos de maneira equilibrada, focando nas juntas e estabilizando os músculos centrais que mantêm o corpo alinhado.

706
Atitude e paixão
Se você já for um pouco mais velha, invista no flamenco. Nessa dança, não apenas o treinamento é levado em conta, mas a experiência de vida. Além disso, fortalece todo o corpo e o cérebro, pois é preciso aprender o ritmo.

707
Relaxamento noturno
Depois de uma aula à noite, deite-se sobre as costas, com braços e pernas abertos e palmas para cima. Contraia os pés e as panturrilhas e prenda a respiração. Solte o ar e relaxe, sentindo-os relaxados. Repita com a parte de cima do corpo, das coxas aos ombros. Por último, faça o mesmo com o rosto e o pescoço. Relaxe.

No flamenco, é preciso perder a timidez e mostrar paixão: onde mais você poderia bater os pés em público?

Boa forma sem suar

Se militarismo, privação e esportes de resistência não são para você, aproveite o tempo livre para mudar o visual sem sofrimento: corte o cabelo ou faça um tratamento corporal. Mas não deixe de se alimentar de maneira saudável e não se esqueça de se exercitar regularmente: pesquisas apontam que ser sedentário equivale a fumar um maço de cigarros por dia.

708
Postura ideal
Uma postura ereta faz você parecer mais magra. Separe os pés na largura do quadril e distribua o peso por igual sobre os dois pés. Balance para os lados e para a frente e para trás para ver se está firme. Alongue-se a partir dessa postura, esticando-se para cima a partir dos tornozelos, joelhos e coxas, e jogando o peso para o fim da coluna, como se tivesse um rabo de canguru. Levante os ombros em direção às orelhas, depois solte sem perder o alongamento. Por fim, alongue a parte de trás do pescoço: imagine sua cabeça sendo puxada para cima.

709
Hidrate o cabelo
No salão, faça uma "plástica" nos cabelos ou algum tratamento de hidratação profunda, para dar volume e brilho aos fios sem vida e difíceis de pentear.

710
Tratamento modelador
Relaxe enquanto faixas são enroladas em áreas flácidas do corpo, como barriga, coxas, glúteos e braços. Impulsos elétricos liberados pelas faixas estimulam as fibras dos músculos, deixando-os mais firmes. Uma sessão de 20 minutos promete substituir 350 agachamentos.

711
Vibre-se
Procure na internet e compre uma plataforma vibratória. Deixe-a ao lado do telefone: enquanto estiver numa ligação, suba nela para tonificar os músculos.

Encontre um *spa* que ofereça programas para casais, assim vocês cuidam do relacionamento e do corpo ao mesmo tempo.

712
Programa de casal
Veja se *spas* urbanos de sua cidade oferecem programas para casal: jacuzzi ou ofurô a dois, massagem lado a lado, sauna, pedicure etc. Às vezes, eles servem até champanhe. Reserve essa ideia para o Dia dos Namorados (e esqueça a caixa de bombons).

713
Banho de lama
Relaxe enquanto o terapeuta espalha lama ou preparados de plantas e algas marinhas por seu corpo, embrulha-o em bandagens ou filme de PVC ou aquece sua pele. Esses tratamentos prometem a perda de medidas.

Relaxe e perca medidas: muitos tratamentos prometem afinar o corpo.

714
Coxas e glúteos
Alguns tratamentos podem deixar essas partes mais macias e lisinhas. Há massagens (com ou sem produtos desintoxicantes), esfoliação, tonificação e hidratação.

715
Estação de águas
A água quente natural é conhecida por renovar o corpo, a mente e o espírito. Viaje para uma estação de águas termais e beba muita água mineral, considerada curativa e rejuvenescedora.

716
Mergulhe na vitalidade
Muitos *spas* oferecem tratamentos com água, como hidromassagem na jacuzzi, banho relaxante de ofurô ou até massagem aquática numa câmara com vários jatos de água, que massageiam pontos flácidos ou tensionados.

717
Vista da janela
Se sua academia tem vista para o parque, o mar ou um ângulo bonito da cidade, exercitar-se perto da janela pode ser animador. Estátuas de Buda, madalas, meia-luz e salas de meditação aconchegantes também podem motivá-la.

718
Durma bem
A quantidade e a qualidade do sono são uma das chaves para perder peso e mantê-lo. Se você tem dificuldade para dormir, procure *workshops* do sono, aulas de ioga especiais, programas que estimulam o sono ou *spas* com salas para dormir ao som de músicas.

719
Massagem com lama
Inspirada num tratamento marroquino, em geral ela é feita com lama mineral, em uma sala aromatizada com essência de eucalipto. Depois, você relaxa enquanto o vapor abre seus poros. A sessão acaba com uma boa ducha energizante.

720
Pedras quentes
Enquanto massageia, o terapeuta coloca pedras quentes (e algumas frias) sobre vários locais do corpo, entre eles os sete chacras, descritos pela tradição hindu como pontos de energia sutil. Acredita-se, assim, que esses canais de energia invisível serão desbloqueados, trazendo bem-estar para a mente e o corpo, e reorganizando as emoções.

721
Toques mágicos
Algumas massagens relaxantes, baseadas em técnicas orientais como o do-in, focam em pontos de tensão do corpo, sobretudo nas costas e ao longo da coluna. A pressão nesses pontos libera a circulação de energia sutil ou vital, fazendo com que seu corpo se reorganize, o que melhora a postura, facilita os movimentos e gera uma sensação de leveza, força e frescor.

722
Deixe a cargo deles
Passe uma semana num *spa* de emagrecimento, não só para perder 2 ou 3 kg, mas para que profissionais se responsabilizem por sua mudança de estilo de vida, com exercícios e dieta.

723
Tratamento caseiro
Esta máscara caseira para o corpo é desintoxicante e combate a flacidez localizada, como nas coxas, na barriga e nos braços. Use-a num ambiente bem quente. Evite se estiver grávida ou tiver problemas vasculares.

- mamão bem maduro
- 5 colheres (sopa) de aveia fina
- 1 colher (sopa) de mel
- 1 colher (sopa) de gel à base de *Aloe vera*
- 1 xícara (chá) de chá verde
- 4 gotas de óleos essenciais de lavanda e junípero

1 No liquidificador, bata o mamão com a aveia. Misture ainda o mel, o gel de *Aloe vera* e chá verde suficiente para obter uma pasta. Adicione os óleos.

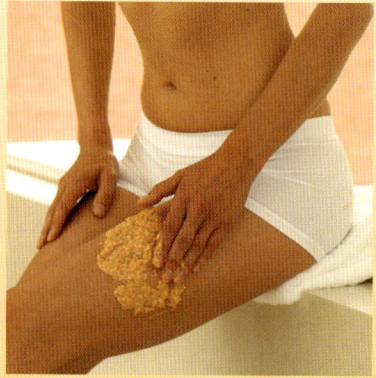

2 Esfolie a área problemática com uma escovinha, sempre massageando em direção ao centro e espalhando a pasta.

3 Envolva a área com filme de PVC (sem apertar muito) e cubra com toalhas mornas. Relaxe por 30 minutos. Desembrulhe, lave e hidrate a área.

Exercício ao ar livre

Em meio à natureza, o exercício se torna mais holístico, revigorando o espírito e acalmando a mente enquanto tonifica os músculos. Um estudo mostrou que, após seis meses, 72% dos participantes de atividades ao ar livre ainda estavam ativos. O mesmo não se pode dizer em relação às academias.

724
Trabalhe num parque
Veja se você não pode se tornar voluntária para cuidar de um parque ou jardim de sua cidade. Talvez você possa até montar um grupo de voluntários. Podar plantas, abrir trilhas, construir muretas, plantar árvores – atividades como essas, que envolvem andar, carregar e cavar, com certeza a deixarão em boa forma. E, enquanto você trabalha, aprende sobre a biodiversidade, o meio ambiente e a história do lugar que está ajudando a conservar. O mais estimulante não são as conquistas do seu corpo, nem as amizades, mas a sensação de gratificação ao ver as mudanças feitas no local.

725
Trilhas no campo
Se você vai passar o fim de semana num sítio ou numa casa de campo, aproveite para encontrar trilhas de diferentes níveis de dificuldade, de caminhos entre plantas até escaladas mais cansativas. Você pode até contratar um guia para explorar melhor a paisagem.

Ande e compare a diferença de paisagem de acordo com as estações.

726
Caminhada da estação
Planeje uma longa caminhada para cada estação do ano, assim você observa as mudanças na paisagem. Escolha um lugar onde possa ver flores, folhas caindo no outono e o vento frio das manhãs de inverno.

727
Caminhe descalça
Andar sem sapatos ao ar livre é uma atividade comum na Alemanha e na

China. Uma pesquisa de 2005 mostrou que caminhar por diferentes tipos de terreno por 30 minutos, três vezes na semana por quatro meses, melhora o equilíbrio e a pressão sanguínea. Faça uma trilha no seu quintal usando gravetos, pedrinhas, folhas caídas, serragem, areia fina, água e até lama. Tire os sapatos e caminhe lentamente sobre cada superfície.

728
Compras rurais
Aproveite o fim de semana no campo para comprar alimentos onde eles crescem. Muitas chácaras vendem alimentos – vá a pé até uma delas e, no caminho, pense nos métodos de cultivo e nas formas de armazenamento presentes na zona rural de sua cidade. Converse com as crianças a respeito, para que elas relacionem os alimentos que comem à forma como são cultivados.

Aprenda técnicas de plantio de alimentos e temperos, como pimentas.

729
Ouça os pássaros
Numa estação quente, caminhe ao nascer do sol por um bosque ou parque e tente reconhecer os diferentes cantos de pássaros. Em alguns locais, é possível acompanhar um grupo guiado e observá-los atentamente, o que a fará entender melhor a comunicação das aves.

730
Sem tempo para andar?
Caminhe à noite, quando o trabalho tiver acabado (o de casa também) e as crianças estiverem na cama. Há um grupo de caminhada noturna no seu bairro? Tente andar em silêncio em pelo menos um trecho, para ouvir os sons diferentes da noite e detectar texturas e formas sem contar com a visão.

731
Artesanato
Atividades manuais típicas do campo, usando matérias-primas locais, fazem você procurar materiais e aprender as habilidades necessárias para produzir lindos objetos. Aprenda a tecer, fazer bijuterias, bordados, objetos de palha, cerâmica etc.

732
Plante você mesma
Fazendas de produtos orgânicos e escolas rurais oferecem palestras e aulas sobre como plantar seus próprios vegetais. Às vezes, focam numa espécie, como cebola ou tomate, outras são mais gerais.

733
Viagem ecológica
Para descansar a cabeça, não é preciso fazer o turismo tradicional. Procure uma oportunidade para contribuir com uma boa causa – ajudando um biólogo a procurar espécimes, plantando árvores numa área de reflorestamento ou cuidando do pomar no sítio de um amigo. Há, ainda, ONGs que organizam missões internacionais, como conservar o *habitat* de animais na África. O importante é colaborar com o meio ambiente.

734
Aprendizado ativo
Uma pesquisa de 2004 concluiu que afastar-se um pouco da mesa e do computador pode ajudar no aprendizado. A atividade corporal combinada a um ambiente memorável causa um impacto

EXERCÍCIO AO AR LIVRE 145

Se você mora numa cidade grande, participe de atividades coletivas em parques.

positivo, colaborando para que a memória retenha as informações em longo prazo. Quanto mais sentidos forem usados para aprender, mais partes do cérebro participam dessa retenção. Se você é estudante, leve os livros para o parque e reforce a sua cognição.

735
Terapia na selva
Incentive as crianças a participarem de acampamentos e atividades ecoturísticas na floresta. Experiências na natureza são importantes para o desenvolvimento físico, emocional, cognitivo, social e mental das crianças. Expostas aos riscos desses lugares, elas modificam até comportamentos antigos, pois têm de agir com responsabilidade, protegendo a si e aos outros.

736
Acampamento para adultos
Não deixe a diversão só para as crianças. Surpreenda-as se inscrevendo num acampamento de férias. Pode ser um retiro de ioga ou tai chi chuan, que ofereçam práticas em todos os períodos do dia com professores variados, ou uma viagem para fazer trilhas guiadas, sempre em contato com a natureza e adequadas inclusive para iniciantes.

737
Passeio na cidade
Mesmo que não more perto do campo, você pode se exercitar perto da natureza. Se precisar, compre um guia ou baixe um na internet. A patir daí, visite pontos interessantes da sua cidade, como belos edifícios, rios, parques e igrejas. Se houver uma torre, suba até o topo para ver a vista.

738
Festa da colheita
Procure festas que celebrem a colheita de alimentos, como a da uva, do morango e do milho. Divirta-se conhecendo as variedades que existem e as brincadeiras e danças sempre presentes nesses festivais. E não deixe de experimentar pratos regionais.

739
Competição no parque
Se você é competitiva, reúna amigos para praticar jogos no parque, como cabo de guerra e queimada. Assim vocês adquirem mais coordenação motora, conquistam metas e perdem peso, além de poder variar os times quando quiserem.

740
Caçadores de objetos
Forme um time na cidade ou no campo por um dia ou fim de semana para procurar itens de uma lista e fotografá-los, ou para realizar tarefas arriscadas enquanto a equipe é filmada. O time que conseguir acabar primeiro ou encontrar mais objetos ganha.

Desafio esportivo

Quanto mais entregar-se a atividades de força e resistência, mais músculos você vai desenvolver. Quanto mais músculos tiver, mais calorias o corpo vai queimar, mesmo em descanso. Esportes que dependem de você (e das correntes, do vento, do sol) são os mais ecológicos, beneficiando também a saúde do planeta.

741
Músculos resistentes
Para desenvolver músculos e firmá-los, as atividades ideais são as que trabalham os músculos grandes mais usados nos movimentos, como coxas, peito e abdome. Entre elas estão remar, pedalar, voar de asa-delta. Treine uma delas por 30 minutos regularmente.

742
Arco e flecha
Esportes que fortalecem os músculos têm mais efeito se você estiver concentrada durante o treino. Para adquirir essa habilidade, faça uma sessão de arco e flecha zen, o *kyudo*, para o qual atirar uma flecha é uma forma de meditação dinâmica.

743
Retiro esportivo
Contribua para o meio ambiente optando por esportes que possa praticar perto de casa, sem usar o carro. Ou passe um fim de semana de aventuras, experimentando vários esportes, como escalada, parapente e vela.

744
Experimente a capoeira
Se a falta de vigor na parte superior do seu corpo a incomoda, aprenda movimentos que tonifiquem braços, pulsos e ombros. A capoeira é ótima para isso: requer histamina, flexibilidade e força nas pernas. Para fazer estrela e parada de mão, é preciso fortalecer tronco e membros superiores. Para muitas mulheres, a ênfase nas flexões é animadora, pois a prática traz resultados. E a segurança que você desenvolve ao se exibir na roda a ajuda a se sair bem em esportes cooperativos, como escalada.

745
Escalada indoor
Paredes para escalada urbana expandiram as possibilidades desse esporte. Não se preocupe se faltar

força na parte superior do corpo. Escalar depende mais de coordenação, equilíbrio e técnica do que de força bruta. Você vai aprender a confiar mais nas pernas e nos pés do que nos braços e nas mãos.

746
Grupo de escalada
A melhor maneira de começar a escalar ao ar livre é participando de um grupo. Talvez você tenha de comprar seu próprio equipamento e aprender antes as técnicas básicas, mas terá a oportunidade de participar de viagens e fazer amigos.

747
Aquecimento pré-escalada
Para alongar partes-chave do corpo que têm de estar flexíveis para a escalada, fique sobre quatro apoios, estenda os braços e empurre o quadril para trás e para cima (cachorro olhando para baixo, dica 186). Levante uma perna e ajoelhe-se. Se conseguir, vire-se de barriga para cima no mesmo lugar, colocando o pé no chão e apoiando as palmas das mãos atrás para levantar o quadril em direção ao teto. Volte para a posição do cachorro e repita.

748
Boulder
Esse tipo de escalada, com pequenos blocos de pedra, requer menos habilidade e coragem que a escalada clássica, já que você fica mais próxima ao chão. Além de trabalhar o corpo, permite o treino individual e o aprendizado de sequências e soluções.

749
Superando o medo
Muitos escaladores têm medo de altura e de quedas. Se esses são os seus temores, consulte um instrutor em

Experimente esportes como parapente, que dependem da sua força e da natureza.

PNL (programação neurolinguística). Aprenda também a meditar, para manter-se focada no presente.

750
Cavernas
Se você gosta de escalar, mas não de altura, experimente explorar cavernas. Participe de um grupo guiado e aprenda as técnicas básicas.

751
Pré-esqui
O esqui pode ser uma forma deliciosa de desafiar o corpo. Mas, antes, prepare seus músculos. Apoie a lombar numa parede, com os pés um pouco à frente. Pressione e deslize para baixo até sentir os músculos das coxas (mantenha os joelhos alinhados com os tornozelos). Para alongar mais, pressione as escápulas contra a parede e levante os braços acima da cabeça.

752
Esqui concentrado
Tente focar sua mente nas pernas quando está se preparando para esquiar, pois é assim que deve continuar durante a prática.

753
Faça pausas
Se você forçar o corpo durante a prática ou em competições, tire alguns dias por semana para se recuperar e descansar as articulações. Além disso, vai adquirir mais energia para os próximos treinos.

754
Monitore o treinamento
Usar um monitor cardíaco ajuda a superar os limites da sua resistência aeróbica e a manter o esforço máximo quando outros fatores, como a velocidade do vento, mudam.

755
Alongamento para esportes radicais
Esta sequência de ioga é ideal para esportistas já treinados e ajuda a superar possíveis medos.

1 Em pé, separe bem os pés e alongue os braços. Vire os pés, o quadril e o peito para a esquerda e flexione a perna esquerda, tentando fazer um ângulo de 90°.

2 Incline-se para a frente e levante a perna de trás para formar um "T". Volte ao início. Repita os passos 1 e 2 com o outro lado.

3 Apoie as mãos no chão, separadas na largura do quadril, perto de uma parede. Aproxime os pés e jogue as pernas para cima, apoiando-as na parede. Repita 3 vezes.

756
Cálculo cardíaco
Como regra geral, para calcular seu valor máximo de batidas do coração por minuto, subtraia sua idade de 226. Homens devem subtrair de 220. Se você for sedentária não ultrapasse esse número durante o treino. Se for ativa, subtraia metade da sua idade de 205.

757
Está progredindo?
Acompanhe a melhora de sua resistência cardíaca durante alguns meses contando as batidas em descanso, talvez numa caminhada. Conforme seus músculos se fortalecem, o coração bate mais forte, necessitando de menos batidas por minuto para bombear o sangue.

758
Alimentação reforçada
Se você treina pesado por 45 minutos ou mais três vezes por semana, coma mais proteínas por dia e faça um lanche rico em proteínas uma hora depois do exercício.

759
Uma maçã por dia
Leve uma maçã para comer nos intervalos de atividades pesadas, para estimular os pulmões (suas células receberão mais oxigênio e você eliminará mais toxinas).

760
Banho de sol
Não dá para escapar do sol durante uma escalada ou correndo uma maratona. Proteja sua pele com filtro solar e roupas de algodão, viseiras ou chapéus com abas largas, se possível.

761
Comida colorida
Frutas e vegetais ricos em carotenoide, como a cenoura, protegem a pele dos raios UV, assim como os polifenóis do chá verde e o sulforafano do brócolis.

762
Salada de frutas
Para um café da manhã antirraios UV, rico em carotenoides, faça uma salada de frutas com melão, manga, nectarina, papaia e damascos secos.

763
Cuide das juntas
Se não está acostumada à atividade física, um esforço repentino pode aumentar o risco de lesões nas articulações, como joelhos e quadril. Para protegê-los, sobretudo numa idade mais avançada, aqueça-se bem antes de iniciar um exercício mais pesado e diminua o ritmo aos poucos ao final.

764
Remédios homeopáticos
São indicados para aliviar a dor e a tensão nas costas causadas por atividades de impacto:
- *Hypericum* CH30: para lesões na coluna causadas por torções.
- *Bryonia* CH30: para desgaste nas costas, quando qualquer movimento provoca dor.
- *Aesculus* CH30: para lesões na base da coluna (área do osso sacro) e nas articulações sacroilíacas.

765
Tônico para os pés
Coloque 2 colheres (sopa) de folhas frescas ou secas de hortelã em água fervente. Deixe esfriar por 20 minutos e use em um escalda-pés.

O mamão papaia contém carotenoides que protegem a pele contra os raios UV.

Diversão na praia

Você não precisa ser adepta de esportes náuticos para que seu corpo se beneficie de uma temporada na praia. A proximidade do mar por si só aumenta a paz de espírito, melhora a qualidade do sono e a habilidade de lidar com situações de estresse. Também estimula a energia e a autoconfiança – fatores essenciais para a conquista da boa forma.

Para diminuir o estresse, sente-se e contemple o mar.

766
Respire o ar marinho
Um estudo feito na costa do mar Morto, em Israel, mostrou que a respiração de pessoas com problemas de saúde melhorou graças ao alto nível de sal e minerais na atmosfera, e à baixa altitude (que produz um ar 10% mais rico em oxigênio do que em outras costas). Hospede-se em *resorts* ao nível do mar e pratique exercícios de respiração para fortalecer os pulmões.

Tonifique os músculos das pernas e melhore o equilíbrio andando na areia.

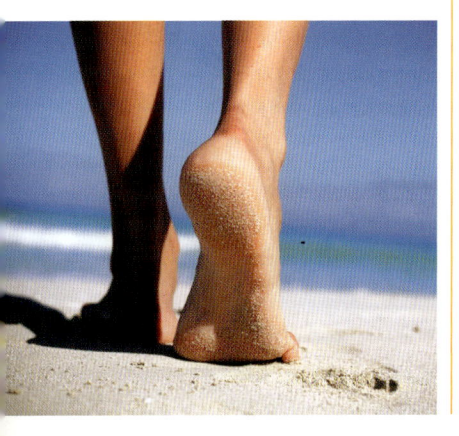

767
Contemple o mar
Um estudo mostrou que a maneira mais rápida de baixar o estresse para a maioria das pessoas é olhar o mar. Para manter a mente e as emoções em forma, com qual frequência você poderia ir à praia?

768
Ande na orla
Muitas praias têm calçadões. Mas, para os mais aventureiros, por que não percorrer todas as praias da cidade, ou até da região? Você pode dividir a programação em trechos e percorrê-los ao longo do ano.

769
Caminhada meditativa
Combine uma meditação na praia com seu professor de ioga: a paisagem e o som das ondas quebrando podem ser benéficos em momentos de estresse mental e colapso emocional.

770
Coasteering
Nesta nova modalidade esportiva, cujo nome vem de "*coast*" (costa, em inglês), o objetivo é seguir pela costa nadando e atravessando trechos rochosos ou de cavernas, o que inclui saltar, escalar e caminhar em pedras. É uma ótima opção para entrar em forma. Procure agências que organizam grupos guiados e não deixe de usar os equipamentos necessários, como capacete.

771
Caminhada na areia
Andar na areia fofa desafia os músculos dos membros inferiores e o equilíbrio, exigindo esforço para manter a postura e prosseguir o passeio. É um exercício aeróbico mais eficiente do que andar na areia batida ou úmida, pois tonifica mais os músculos e queima mais calorias.

772
Esculturas de areia
Organize uma competição de esculturas de areia com adultos e crianças. Escolha um tema (sereias, palácios de contos de fada etc.), estipule o tempo e o prêmio para o mais inovador. Incentive crianças pequenas a ajudarem procurando materiais para a decoração, como algas para o cabelo da sereia ou conchinhas coloridas.

773
Banho de mar
Tomar banho de mar coloca a pele em contato com as propriedades antissépticas da água marinha, que é usada para tratar dermatites, psoríases e alergias, além de aliviar coceiras e inflamações e fortalecer a imunidade.

774
Nudista
As praias naturistas costumam ser mais bonitas por serem isoladas. De modo geral, os nudistas não se preocupam com o corpo dos frequentadores.

775
Mexilhões
Se você souber que há mexilhões na praia próprios para o consumo, experimente-os. Pegue-os na maré baixa, nas pedras que são cobertas pela água duas vezes ao dia. Evite as conchas já abertas. Deixe-os num balde com água do mar por algumas horas, depois cozinhe segundo as instruções dos habitantes locais. Se não puder pegá-los na praia, compre-os frescos no quiosque.

776
Receita de mexilhões
Coloque os mexilhões frescos, com concha, numa panela grande e tampe. Acrescente 1 cebola picada e uma taça de vinho branco. Deixe ferver e cozinhe por 3 minutos, tampado, até que os mexilhões abram (descarte os que não abrirem). Acrescente algumas colheres de creme de leite e bastante salsinha. Sirva em seguida, com pão.

777
Moluscos
São ricos em potássio, um mineral que falta à maioria das pessoas. Prepare um ensopado só com moluscos enquanto estiver na praia. Sirva acompanhado de batatas assadas em papel-alumínio

Faça castelos de areia: além de estimularem a criatividade e a imaginação, eles exigem esforço físico.

e molho de iogurte, pois batata e iogurte também são boas fontes de potássio.

778
Acelga com milho verde
Acampar na praia merece uma refeição quentinha e nutritiva. Este prato é fácil de fazer na fogueira ou no fogareiro. Se não encontrar acelga, use espinafre ou escarola.

1 cebola picadinha
2 fatias finas de bacon
3 colheres (sopa) de curry
2 punhados grandes de acelga lavada e picada
250 g de milho verde em lata
1 lata de tomates pelados picados
sal e pimenta a gosto

Refogue a cebola numa panela grande; adicione o bacon e deixe cozinhar. Acrescente o curry e a acelga e refogue até a verdura murchar um pouco. Junte o milho e os tomates e deixe ferver. Tempere a gosto e sirva na hora. Rende duas porções.

779
Pesque o jantar
Há barcos que levam turistas para pescar na praia em que você está? Em caso positivo, gaste calorias e pesque seu jantar. Aproveite para aprender receitas de peixe com os organizadores.

780
Segurança
Se você mora perto da praia, ensine seus filhos a agirem de maneira segura. Você pode pedir para um salva-vidas ou guarda costeiro explicar para eles os perigos do mar e outros cuidados que eles devem tomar na água e nas pedras.

781
Caminhada noturna
Fique acordada até tarde e saia em noite de lua cheia para caminhar na praia. Use uma lanterna presa na cabeça para deixar as mãos livres e informe-se antes sobre o horário de subida da maré.

782
Aprenda a velejar
Em um bom curso de cinco dias, você pode aprender a pilotar um iate: como mexer no timão, dar nós, prever o clima e a direção do vento e hastear a vela.

Peixes pescados por você compõem uma refeição nutritiva, ecológica e gostosa.

Dicas para acampar

Ao acampar, sempre se perde calorias. O sol nos levanta cedinho quando dormimos na barraca, forçando a mexer o corpo logo de manhã. Até as tarefas mais simples do dia a dia, como ir ao banheiro e tomar banho, exigem caminhadas. Quem acampa também passa mais tempo agachado e sentado no chão, o que tonifica as coxas, os glúteos e a lombar.

Aproveite as delícias do acampamento sem ficar de mau humor com o trabalho que dá.

783
Pratos únicos
Em acampamentos, não há tanta variedade como em casa. Antes de viajar, procure receitas substanciosas para as quais não é preciso ter ingredientes exatos. Na hora de fazer, é só picar e cozinhar.

784
Temperos essenciais
Não se esqueça de levar estes temperos de casa para dar sabor aos pratos no acampamento:
- Azeite extravirgem
- Vinagre balsâmico
- Cebola e alho
- Ervas secas e frescas
- Limão
- Molho de pimenta
- Shoyu
- Vinho ou conhaque para cozinhar

785
Queijo caseiro
Impressione os colegas de acampamento fazendo seu próprio queijo *light* de um dia para o outro. Ferva cerca de 1 litro de leite (não pasteurizado, se você achar); adicione o suco de um limão e uma pitada de sal. Continue aquecendo e mexendo até o leite talhar. Deixe esfriar. Embrulhe num pano de prato e esprema para escorrer todo o líquido. Deixe assim durante a noite. De manhã, estará pronto para passar na torrada.

Leve alho, pois é um ingrediente útil em acampamentos.

786
Refeição nutritiva
Colha as primeiras folhas de urtiga, quando elas começam a aparecer (use luvas de borracha para evitar coceiras) e coloque-as picadinhas em sopas, ensopados, molhos e mexidos. Não colha os galhos que já tiverem flores, pois não são bons para o consumo. Outra opção é colher azedinhas e fazer uma salada fresquinha.

787
Acampamento de luxo
Você nem precisa montar uma barraca para acampar. Procure campings que tenham *trailers* mobiliados para alugar.

Cerque-se de natureza e ensine dicas de sobrevivência básicas aos seus filhos.

792
Dias chuvosos
Se vocês ficarem presos na barraca por causa da chuva, alguns jogos podem ajudar a passar o tempo:
• Corrida da lesma (atravessar a barraca no saco de dormir)
• Cama de gato (com barbante entre os dedos)
• Cantar músicas
• Brincar de mímica
• Fazer origami
• Fazer palavras cruzadas
• Jogar sudoku

788
Acampe em família
Leve a família a um acampamento organizado, onde vocês possam aprender técnicas básicas de sobrevivência na natureza, como fazer uma fogueira, procurar abrigo e encontrar comida.

790
Jogue frisbee
O jogo envolve correr, lançar e pular, que desenvolvem a resistência física e cardiovascular.

791
Pegada especial
Ao jogar *frisbee*, estenda os dois braços à frente e tente pegar o disco entre as palmas das mãos, como se fosse uma dentada de jacaré.

793
Ioga sentada
Na barraca, sente-se com as costas apoiadas nas costas do parceiro. Se precisar, o mais baixo senta numa almofada. Junte a sola dos pés e deixe os joelhos relaxados nas laterais. Inspire profundamente, sentindo a respiração subir e descer pela coluna do parceiro.

789
Jogo do exercício
Use um baralho para sortear qual exercício todos têm de fazer: ouro para abdominais, copas para pular, espada para flexões e paus para agachamentos. Cada um pega uma carta e faz o número de repetições indicado. O ás vale 21 repetições. Mas rei, rainha e valete permitem uma caminhada de 1 minuto.

Prepare-se para os dias chuvosos levando atividades como origami.

794
Cinto de ioga
Para ficar mais fácil sentar no acampamento, leve uma faixa de ioga. Sente-se com as pernas cruzadas e passe o cinto pelos joelhos e a lombar, fixando-o. Deixe firme, para que você fique confortável na posição.

795
Mordidas e picadas
Ao ar livre, temos de dividir o espaço com outras criaturas. Aqui estão remédios homeopáticos para ajudar a lidar com eventualidades:
- *Apis* 30: antídoto para picada de abelha.
- *Ledum* 30: reduz a coceira provocada por picadas de inseto.
- *Urtica Urens* 30: para tratar alergia causada por urtigas e outras plantas.

796
Queimadura de sol
Leve um *kit* de primeiros socorros homeopáticos para o acampamento, contendo *Belladonna* 30, ótima para queimaduras e a forte dor de cabeça causada por exposição ao sol. Se há risco de formar bolhas, use *Cantharis* 30 para curar mais rápido.

797
Remédio floral
A flor *Mulla Mulla*, originária do deserto, tem pétalas vermelhas e fios brancos, com aparência de chamas e fumaça. A essência australiana dessa flor trata queimaduras em geral, inclusive as de sol, assim como o trauma causado por elas.

798
Observação de estrelas
Quando anoitecer, estenda uma lona e forme uma fileira com os sacos de dormir. Todos podem olhar o céu. Se você tem um mapa, ou se alguém conhece o nome das constelações, pode mostrá-las aos outros. Se não, crie histórias sobre os formatos das constelações e dos grupos de estrelas.

799
Caça ao tesouro
Mande as crianças procurarem folhas de seis árvores diferentes e achar pedras de três tipos diferentes. Na volta, dê a elas guias de botânica para que possam identificar os nomes das espécies que trouxeram. Crianças que se sentem à vontade ao ar livre tendem a se tornar adultos ativos.

Iniciativas comunitárias

É mais fácil ficar em forma se os que vivem ao seu redor fazem o mesmo. Alguns projetos podem ser transformadores para a comunidade, como uma horta coletiva, que reúne benefícios físicos e alimentares aos efeitos terapêuticos da horticultura e da interação social.

800
Horta coletiva
Transforme terrenos sem utilidade em lugares para plantar alimentos ou fazer um jardim, o que pode ser bom para a saúde mental de toda a comunidade. Experiências desse tipo mostram que o local se torna um ponto de encontro para os vizinhos, fazendo com que todos se sintam mais seguros fora de casa. O bem-estar também incentiva as pessoas a sair para se exercitar. Há um terreno assim perto de você?

801
Jardins da escola
Por que não formar um grupo para melhorar os jardins das escolas públicas do bairro? Há evidências de

que esse tipo de projeto desenvolve a coesão na comunidade e incentiva as crianças a passarem mais tempo brincando ao ar livre. E, às vezes, o pátio e jardim da escola são os únicos lugares onde elas podem brincar de maneira segura. Tente levantar fundos para comprar brinquedos de parquinho e outros equipamentos e preparar o terreno para as crianças fazerem uma horta.

802
Semana da limpeza
Comece a promover a "semana da limpeza" no seu bairro, pois todo mundo se beneficia se ele se tornar um lugar melhor para viver. Além disso, os voluntários entram em forma.

803
Todo mundo participa
Se você está tentando transformar um terreno num espaço esportivo, adote uma estratégia utilizada na Escócia: use um muro, perto do mercado ou de um local movimentado, como quadro de recados, pedindo a todos para darem sua opinião sobre o projeto. Para projetos de alimentação, distribua pratos de papel e peça para as pessoas escreverem ou desenharem o que gostariam de comprar e onde.

804
Passear com cachorros
Se você não quer cuidar de um cachorro, mas acha que ele poderia ser uma boa desculpa para fazer caminhadas, ofereça-se (de graça ou não) para passear com os cachorros da vizinhança.

Leve os cachorros dos vizinhos para passear.

805
Seja líder
Organize caminhadas para os moradores do bairro, inclusive para os que têm de caminhar por motivos de saúde. Assim você se exercita enquanto treina habilidades de liderança e maneiras de motivar as pessoas.

806
Jardinagem
Por estimular os sentidos, a jardinagem auxilia a memória e aumenta seu vínculo com o lugar e a comunidade local. Combate, ainda, a solidão e a depressão.

807
On-line
Para se manter motivada durante os períodos menos produtivos da horta ou do jardim, entre para comunidades virtuais de

Projets de jardins comunitários combatem a solidão e estimulam a memória.

bloggers que queiram dividir suas experiências de sucesso e os reveses que já tiveram de enfrentar.

808
Nutricionista
Combine com os vizinhos para contratarem uma nutricionista que possa guiá-los numa visita ao supermercado, mostrando os alimentos mais saudáveis e como se deve ler os rótulos.

809
Cooperativa
Há cooperativas que compram alimentos frescos direto dos produtores e revendem aos habitantes locais. Se não há uma assim no seu bairro, veja se consegue formá-la, com a ajuda de alguma organização agrícola. Pessoas que compram em cooperativas tendem a comer mais vegetais e em maior variedade, inclusive as frutas da estação, que costumam ser mais frescas que as do supermercado. Outros benefícios são: andar e interagir mais na comunidade, fazer novos amigos (inclusive os produtores) e aprender sobre as ofertas sazonais e o cultivo dos alimentos.

810
Refeição comunitária
No começo ou ao final de um projeto da comunidade, organize uma refeição em conjunto, para a qual todos têm de levar um prato feito em casa. Convide crianças para ajudar a preparar, mostrando a elas o prazer de cozinhar e de dividir o gosto pela comida. Proponha jogos depois de tirar a mesa.

811
Atue como mestre-cuca
Adora cozinhar? Irrita-se quando os mais novos não reconhecem pratos regionais, técnicas de culinária ou até ingredientes-chave? Crie um curso de culinária e dê aulas para a comunidade.

812
Seu livro de receitas
Faça uma compilação de receitas na comunidade que frequenta (no bairro, na igreja, na escola), selecionando, sobretudo, as que refletem as origens e habilidades de cada um. Peça para as crianças copiarem em um caderno as receitas das pessoas mais velhas. Organize um jantar para celebrar a combinação de sabores do grupo.

813
Aula de desenho
Para despertar nas pessoas o interesse pelo corpo humano, crie um curso de desenho. A partir de modelos vivos de diferentes formatos, ossaturas, idades e sexo, os alunos irão observar atentamente para desenhá-los e acabarão revendo padrões de saúde, autoconfiança e boa forma.

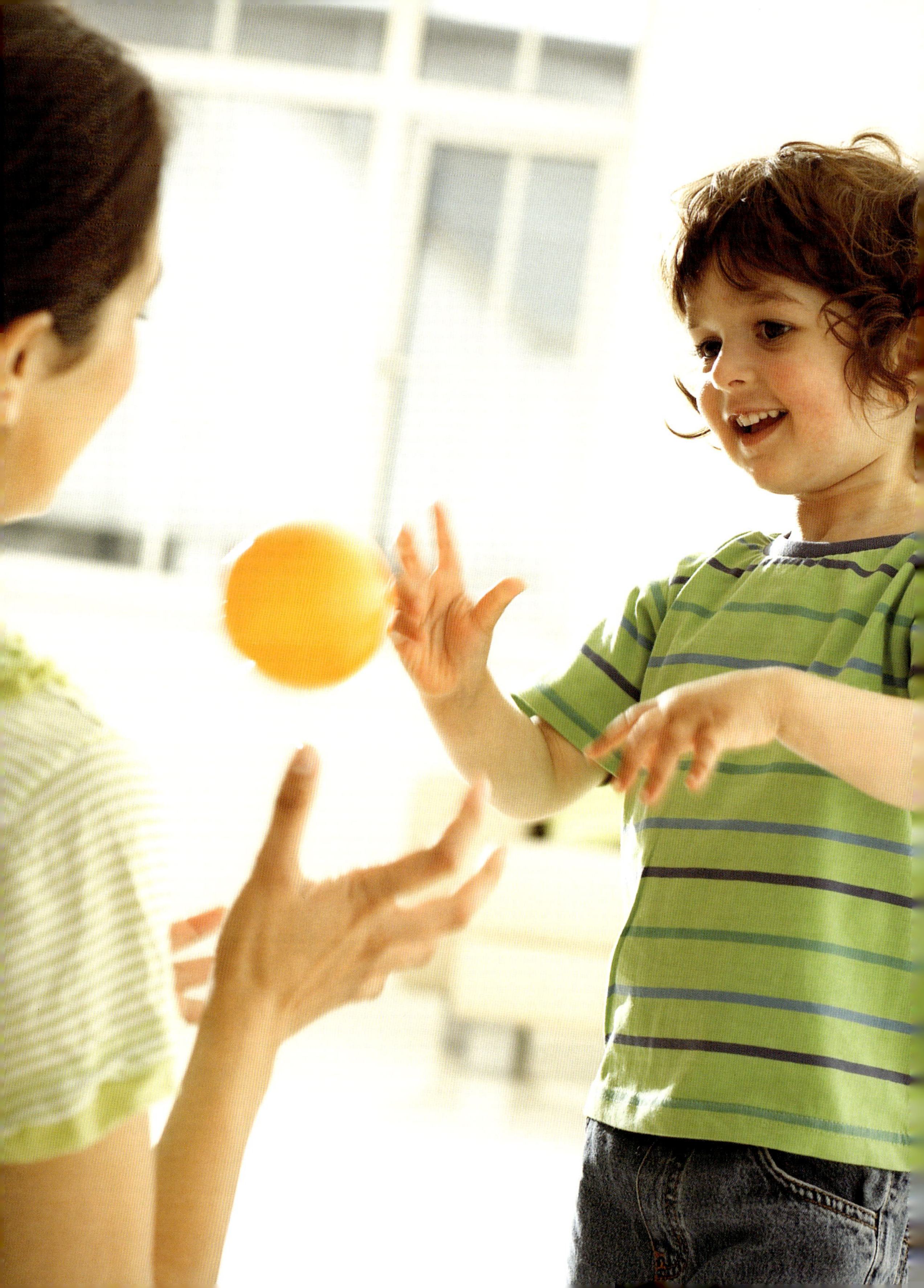

6 Saúde em família

Os hábitos alimentares e as atividades físicas que aprendemos na infância permanecem conosco para o resto da vida. Por isso, ter um peso saudável na infância reduz o risco de sobrepeso na fase adulta. Neste capítulo, você encontrará estratégias para incentivar as crianças a comerem bem e brincarem ao ar livre desde cedo. O incentivo também serve para você ficar ativa e próxima ao seu filho, seja caminhando e nadando com o bebê ou cozinhando com as crianças maiores. Aqui também há dicas para os avós, que, para ficarem em forma, têm de ser mais ativos a cada ano.

Inclua o bebê nos exercícios para torná-los mais agradáveis.

Recupere a forma

Depois do parto, a maioria das mulheres sofre para recuperar o corpo que tinha. É particularmente difícil perder peso nos primeiros meses, quando nunca se tem tempo para si mesma e dorme-se pouco (o ganho de peso também está relacionado à falta de sono). Veja aqui maneiras de voltar a se mexer.

814
Descanse primeiro
Espere seis semanas após o parto para começar a dieta e os exercícios. Concentre-se primeiro em reconstruir sua força e energia com alimentos saudáveis: frutas e vegetais em abundância, cereais integrais e leguminosas, leite e iogurte desnatados e fontes de ferro, como carne vermelha, grão-de-bico ou mais de duas porções de peixes gordurosos por semana. Tome muita água e descanse o máximo possível.

815
Assoalho pélvico
Comece este exercício no dia seguinte ao parto para tonificar o assoalho pélvico e prevenir a incontinência urinária. Ele também estimula a circulação, ajudando a recuperar o períneo. É simples: contraia e puxe para cima os músculos entre o osso pélvico até a base da coluna, como se você estivesse segurando a urina. Mantenha por alguns segundos e relaxe. Não contraia as nádegas. Repita 8 vezes. Conforme você ganha prática, contraia e solte diversas vezes por 10 segundos, ou contraia e solte em etapas. Repita sempre que se lembrar.

816
Visualize energia
Este é um exercício da ioga. Sente-se de modo confortável, com a coluna ereta, feche os olhos e contraia os músculos do assoalho pélvico. Ao inspirar, visualize a energia da região pélvica percorrendo a coluna; ao soltar o ar, sinta a energia aquecendo o centro do peito. Repita por 1 minuto.

817
Ajuda homeopática
Para ajudar a tonificar a área do períneo, tome o remédio *Sepia* 30 diariamente por alguns dias, como suporte para os exercícios. Peça ao homeopata um tratamento que a ajude a se recuperar física e emocionalmente do parto.

818
Expectativas
Seja realista. Apenas celebridades com *personal trainers* entram no *jeans skinny* dias depois do parto. É provável que você ainda use as roupas íntimas da gravidez por um tempo, e um sutiã ainda maior durante a amamentação.

819
Benefício do aleitamento
Mães que amamentam o bebê nos primeiros meses tendem a perder meio kg por semana sem fazer esforço (o ideal para uma perda de peso saudável). O leite materno protege o bebê contra doenças e alergias na infância e evita uma possível osteoporose na velhice.

820
Quantas calorias?
Pesquisas indicam que nos primeiros três ou quatro meses de aleitamento você só precisa de 300-400 calorias a mais por dia além das 2 mil recomendadas. Isso equivale a uma banana, três biscoitos de aveia e um copo de leite semidesnatado.

821
Tempo ao tempo
Depois do parto, cultive a paciência e tenha consciência de que pode levar 10-12 meses para voltar à sua forma anterior.

822
Mudanças no corpo
Após a gravidez, o corpo pode recuperar o peso, mas não a forma. Muitas mulheres acham que as costelas se alargam, os pés se alongam e os seios ficam maiores ou menores. O corpo pode se alargar um pouco,

823
Alongamento com o bebê
Este exercício não só tonifica os músculos da parte de trás das pernas, das costas e do abdome, como também diverte seu bebê! Repita diariamente, tentando ficar na posição por mais tempo e descer cada vez mais.

1 Sente-se com as pernas esticadas à frente e os pés juntos. Coloque uma almofada sobre as canelas e seu bebê apoiado nela. Alongue o troco e levante os braços acima da cabeça. Contraia o abdome.

2 Soltando o ar, alongue-se para a frente, conversando com seu bebê. Dobre-se a partir do quadril, mas não se preocupe em ir longe demais. Tente não arredondar as costas. Segure por alguns segundo. Volte inspirando.

mas a musculatura pode ficar firme logo com a prática de exercícios.

824
Caminhada com o bebê
Andar é o exercício mais fácil nos primeiros meses após o parto, porque você pode levar o bebê junto. Coloque-o num carregador ou num carrinho de frente para você, para que ele a veja enquanto andam.

825
Massagem para bebês
Leve seu bebê para uma aula de massagem, em que vocês possam encontrar outros bebês e mamães. É ótimo conhecer outras pessoas vivendo a mesma experiência e poder trocar informações, dicas e receitas.

826
Ioga pós-natal
Procure um curso de ioga que introduza técnica de meditação para ajudá-la a relaxar nessa fase da vida. Vai ser muito importante para você.

827
Vá com calma
O hormônio relaxina deixa as articulações mais soltas durante a gravidez (para que os ligamentos da pelve e da cervical relaxem durante o parto). Os efeitos duram

Caminhe com seu bebê. É um exercício leve para você e divertido para ele.

por cinco meses ou mais após o parto, então evite lesões pegando leve nos exercícios.

828
Flexão sobre o bebê
Para exercitar os braços e os músculos peitorais, coloque seu bebê no chão e fique em posição de flexão, apoiando-se sobre os joelhos e os pés. Dobre os cotovelos para baixar o tronco até o bebê e converse com ele enquanto isso. Soltando o ar, pressione as palmas para esticar os braços e voltar à posição inicial. Repita 10-12 vezes. Se conseguir, complete 3 séries.

829
Frutas coloridas
Frutas e vegetais amarelos e alaranjados contêm carotenoides e flavonoides que fortalecem o sistema imunológico. Cozinhe no vapor cenoura, batata,

abóbora e beterraba com tomate, pimentão, azeite e alecrim.

830
Abdominal com bebê
Para tonificar os músculos do abdome, deite-se no chão e deixe os joelhos juntos e dobrados. Coloque o bebê no colo, apoiando-o nas coxas. Cruze os braços sobre o peito. Solte o ar, contraia o abdome e levante-se um pouco, dizendo "oi!" para o bebê. Inspire para deitar com controle. Repita 10-12 vezes.

831
Tiroide
Se engordou muito durante a gravidez e não consegue perder o excesso de peso, é bom consultar um endocrinologista e examinar a tiroide. Consulte também um homeopata, que pode indicar remédios que estimulem a glândula.

Pimentões coloridos ajudam a aumentar a imunidade.

Bebê ao ar livre

Sair com seu bebê todos os dias não só ajuda a eliminar os quilinhos a mais, como distrai. O isolamento é um fator que não contribui para o bem-estar mental nos primeiros meses de maternidade. Durante os passeios, você poderá apresentar a natureza a seu filho. Manter contato com o verde desde cedo influencia a saúde para sempre.

Bebês e crianças pequenas adoram água, sobretudo se introduzidos cedo à piscina.

832
Grupo de caminhada
Reúna outras mães e avós com bebês em carrinhos uma ou duas vezes por semana para caminhar no parque. Passe por subidas para se esforçar mais. Se estiver numa cidade grande, não será tão difícil conhecer pessoas na mesma situação. Fique de olho nas pessoas que frequentam o parque.

833
Estações do ano
Estudos indicam que crianças que têm contato com a natureza desde cedo tendem a ser adultos mais ativos mais tarde. Além disso, eles desenvolvem consciência ecológica, ajudando a preservar o planeta. Quando passear ao ar livre com seu bebê, apresente a ele as estações do ano e permita que ele veja, toque e sinta o cheiro de flores, folhas e frutinhas.

834
Circuito de corrida leve
Aos poucos, transforme a caminhada com o carrinho numa corrida leve de 15 minutos entremeada por caminhadas de relaxamento. Ande por 5 minutos, depois corra por 1 minuto; ande por 4 minutos, depois corra por 1 minuto; ande por 3 minutos, corra 1 minuto, e assim por diante. Tente fazer isso duas vezes. Após algumas semanas, aumente o tempo da corrida e reduza as caminhadas até que você consiga correr por 30 passos e andar por outros 30. Tome cuidado para não sacudir o bebê.

835
Passeie com o bebê
Os bebês estão muito mais imóveis do que no passado, presos a meios de transporte que permitem carregá-los sem turbulência, do carrinho de supermercado para o carro e depois para o berço. Os pediatras se preocupam com o aumento de um achatamento do crânio provocado pelo tempo excessivo que os bebês passam em cadeirinhas. Para manter a cabeça do bebê em forma e proteger a coluna dele, tire-o da cadeirinha ou do carrinho para que ele não se acostume a dormir sentado. Carregue-o nos braços ou num carregador, sente-o no colo ou deite-o na sua barriga (dica 836).

836
Hora da barriga
Deitar o bebê de bruços em cima da sua barriga previne deformações no crânio e fortalece o movimento dos seus ombros. Massageie levemente as costas do bebê (sobre as roupas mesmo) e apoie a cabeça na direção dele para conversar. Assim, ele levanta a cabeça. Deixe-o sempre de bruços.

Bebês e crianças pequenas adoram água, especialmente se frequentam praia ou piscina desde cedo.

837
Cadeiras bumbo
Esses banquinhos coloridos são ideais para os bebês que ainda não conseguem ficar sentados sem ajuda. Eles sustentam a lombar, estabilizam a pelve e posicionam o quadril e os joelhos de modo a evitar torções na coluna, ajudando o bebê a treinar o controle do tronco e da cabeça. Além disso, são leves o suficiente para levar para parques e para a casa de amigos.

838
Benefícios do carregador
Bebês que ficam no carregador de pano (ou *sling*), junto ao corpo da mãe, tendem a ser mais calmos e apegados à ela e a chorar menos à noite do que bebês que ficam no carrinho. O carregador pode desenvolver o equilíbrio e o tônus muscular. Você também se beneficia, porque o carregador força menos as costas e os ombros do que uma cadeirinha. Teste modelos diferentes até encontrar o ideal. Pesquisadores acreditam que os modelos verticais, que penduram o bebê pela virilha, podem forçar a coluna dele. Alguns modelos são mais versáteis, podem ser adaptados para que o bebê fique deitado, virado para a frente ou sentado.

839
Mergulhadores
Nadar pode ajudar no desenvolvimento físico do bebê, no sono e na alimentação. Faça seu bebê se apaixonar pela água levando-o a aulas de natação desde seus primeiros meses de vida. E as mães também participam das aulas. Procure uma escola confiável, com professores especializados. A água tem de estar morna, a pelo menos 32ºC para bebês com menos de 12 semanas e 30ºC para os maiorzinhos. Sessões de 10-30 minutos são suficientes.

840
Desenvolvimento do cérebro
Deixar seu bebê ativo logo nos primeiros meses com massagens, aulas de ioga especializadas e natação, pode ajudar no desenvolvimento cerebral.
Os bebês se movimentam com mais facilidade na água. Se não conseguir levá-lo à piscina, desperte a sua consciência corporal brincando na banheira com ele.

841
Pratique em casa
Para praticar habilidades aquáticas em casa, entre na banheira com o bebê e movimente-o deitado de barriga para cima (sustentando bem a cabeça e os ombros). Molhe o rosto e a cabeça dele. Quando ele já souber se sentar, ensine-o a soprar bolinhas na superfície. Deixe-o brincar com baldes de água na cozinha e no jardim (mas sempre fique de olho quando houver água por perto).

Pequenos serelepes

É difícil acompanhar as travessuras de crianças pequenas, mas resista à tentação de tentar acalmá-las em frente à tevê. A não ser que estejam dormindo, elas não devem ficar sedentárias por mais de uma hora. A vantagem é que brincar com as crianças é uma ótima forma de se livrar do excesso de peso.

842
Quanta atividade?
Para crianças menores de 3 anos, especialistas recomendam pelo menos 30 minutos por dia de atividade física estruturada e de uma a várias horas de brincadeiras livres. Ao se aproximar da idade escolar (3-5 anos), a criança precisa de pelo menos 1 hora de atividade estruturada e algumas horas de brincadeiras livres.

843
Dê o exemplo
Crianças gostam de imitar o que você e outros familiares fazem. Deixe-as verem você desligando a tevê para andar de bicicleta, jogar bola ou correr.

844
Pegue e jogue
Crianças que não desenvolvem habilidades fundamentais desde cedo tornam-se três vezes mais sedentárias. Para ensinar seu filho a pegar e jogar, não brinque apenas com bolas, que podem ser difíceis de pegar; use também saquinhos e brinquedos.

845
Caça à sombra
Em dias ensolarados, brinque com seu filho de correr atrás da sombra, de deixá-la menor ou maior, andar com ela para trás ou de juntar duas sombras.

846
Música
Estimule o cérebro, a habilidade e a fala de seu filho coordenando movimentos do corpo com a linguagem; cantem: "Cabeça, ombro, joelho e pé / Joelho e pé / Olhos, ouvidos, boca e nariz...".

847
Circuito divertido
Nas pré-escolas, há circuitos estruturados sob medida para as crianças pequenas. Neles, por meio de brincadeiras com ênfase em atividades físicas e na alfabetização, as crianças desenvolvem também habilidades sociais, como a cooperação e a capacidade de ouvir instruções e de compartilhar.

848
Mamãe e eu
Em vez de ler revistas enquanto seu filho pratica uma atividade física, procure um lugar onde vocês possam se exercitar juntos. Existem aulas de ginástica para pais e crianças, nas quais vocês podem rolar, praticar acrobacias e desenvolver o equilíbrio e a coordenação.

849
Aula de música
Procure uma aula de música para o seu bebê, que inclui não apenas ouvir, mas também se mexer e

Jogue bola lá fora sem compromisso. Seu filho logo vai querer participar.

brincar. O professor incentiva as crianças a se levantarem, marcharem, pularem e a praticarem a coordenação motora fina tocando instrumentos de percussão.

850
Dance sem vergonha

Em casa, ouça ritmos musicais diferentes e dance com o seu filho. Encontre músicas que os façam imitar elefantes, gatos e pássaros.

851
Rápido e devagar

Em casa, alterne as atividades agitadas e rápidas com outras mais relaxantes para não cansar a criança.

852
Animais na ioga

Faça estes movimentos com seu filho numa sequência contínua:
Cachorro olhando para baixo – comece em quatro apoios, depois empurre o quadril para cima e apoie-se nas palmas das mãos. Dê três latidos e volte aos quatro apoios. Tente andar nessa posição pela casa.
Cobra – deite-se de bruços, coloque as mãos embaixo dos ombros e estique os braços para arquear as costas para baixo. Deite-se de novo, enrole-se e assovie como uma cobra.
Borboleta – Sente-se com as solas dos pés unidas e "bata" as pernas como se fossem asas.

853
Sem técnica

Não pressione seu filho a participar de um time esportivo formal ou a frequentar aulas sérias antes dos 6 anos. Crianças mais novas aprendem mais em atividades não organizadas.

Transforme as tarefas num jogo e trabalhe enquanto seu filho a "ajuda".

854
Ajuda em casa

Se as brincadeiras de criança às vezes cansam você, coloque seu filho para "ajudá-la" nos afazeres de casa: estender a roupa no varal (baixinho), varrer o chão, limpar a banheira, guardar as compras.

Relaxando

É importante ensinar aos pequenos que o dia é para atividades físicas e a noite é para relaxar e dormir. Como muitos estudos já mostraram, há relação entre a falta de sono e o risco de obesidade. Na infância, essa relação é ainda mais significativa.

855
Criança em paz
Dê um tempo todos os dias para a criança fazer o que quiser, como brincar sem interferência de adulto. Essa liberdade desenvolve o cérebro e estimula a criatividade e a capacidade de liderança e de cooperação.

856
Quantidade ideal
Frutas e vegetais são bons para o seu filho, mas fibra demais pode impedir a absorção adequada de nutrientes. Crianças menores de 5 anos também precisam de calorias e gorduras para crescer. Dê ao seu filho carne, peixe, ovos e queijo, iogurte, manteiga e leite integral diariamente. Ele precisa de carne vermelha e peixe em dias alternados.

857
Hora do lanche
As crianças precisam se alimentar no meio da tarde para manter o bom humor e a energia para as atividades. Ofereça a elas:
- Bolo com frutas
- Bolo de cenoura
- Uvas-passas
- Banana
- Maçã ou mamão
- Flocos de milho
- Iogurte natural
- Sanduíche de queijo branco

858
Rotina para dormir
Defina horários. Depois de uma sessão de brincadeiras leves, do banho, do leite e de escovar os dentes, conte uma história e leve a criança para a cama ainda acordada, mas já sonolenta.

859
Compre cortinas novas
Se você ainda pode ver o quarto, mesmo com a luz apagada, coloque cortinas blecaute ou persianas bem vedadas para facilitar o sono.

860
Escuro e calmo
Para acalmar (sobretudo mais de uma criança), feche as cortinas do quarto e apague a luz. Deixe somente um abajur aceso e peça para elas andarem na ponta dos pés, fazendo gestos e sussurrando. Conte uma história ou cante uma canção de ninar.

Transforme o banho numa rotina nas noites da criança, assim como ouvir uma história antes de dormir.

Chá de camomila acalma na hora de dormir.

861
Ritual do chá
O chá de camomila contém sedativos naturais. Transforme o momento do chá num ritual para crianças agitadas, que não conseguem relaxar na hora de dormir. Se você tiver espaço, cultive a planta e seque as

flores (*Matricaria recutita*). Coloque 1 colher (sopa) de flores secas numa xícara e despeje água fervendo. Deixe abafado por 10-15 minutos. Dê à criança meia xícara por dia à noite; ela dormirá melhor.

862
Massageie seu filho
Estudos indicam que uma massagem antes de dormir deixa crianças pequenas e bebês relaxados e sonolentos, e os faz dormir por mais tempo. Além disso, eles também se sentirão melhor ao acordar. Comece desde cedo, antes que eles engatinhem. Veja as técnicas abaixo (dica 866).

863
Cantiga
Se seu filho não gosta de massagem, ele pode gostar de cantar com você uma cantiga, mexendo os pés, como: "Oi bota aqui, oi bota ali o seu pezinho..."

864
Crianças agitadas
Elas podem se beneficiar bastante de tratamentos homeopáticos, assim como os pais, sobretudo se o comportamento delas se tornar destrutivo.

865
Florais calmantes
Para acalmar crianças agitadas, experimente estes florais australianos:
- *Bush fuchsia:* equilibra a atividade do cérebro dos que têm dificuldade de aprendizagem.
- *Jacarandá:* acalma os nervos e as energias sem foco.
- *Sundrew:* para a criança distraída, que não consegue se concentrar numa atividade.

866
Massagem dos pés e das mãos
Para acostumar a criança a receber massagem, comece pelas mãos. Enquanto massageia, cante uma música ou conte uma história para distraí-la. Quando ela sentir menos cócegas, massageie também nos pés.

1 Apoie a palma da mão da criança na sua mão. Faça círculos leves na palma com o seu dedão. Comece com círculos pequenos e vá aumentando.

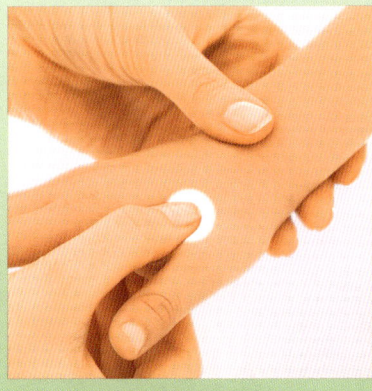

2 Repita os movimentos circulares no dorso da mão. Trace linhas do pulso à base dos dedos.

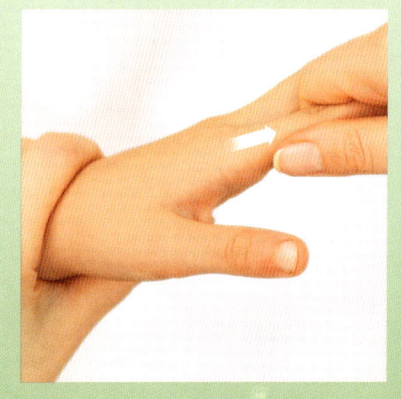

3 Passe cada dedo entre o seu dedão e indicador, pressionando as pontinhas ao final. Depois, massageie a mão toda entre as mãos.

Desligue

O tempo passado em frente à tela – de tevê, computador ou videogame –, está relacionado à obesidade infantil. A tevê também deixa as crianças passivas e pode retardar a socialização. Uma pesquisa da Universidade de Harvard indicou que o risco de obesidade é quatro vezes maior para crianças que assistem à tevê por mais de 5 horas diárias.

Desenhar é melhor do que ver tevê.

867
Tempo de televisão
Especialistas alertam que crianças com menos de 2 anos nunca deveriam assistir à tevê ou a filmes. Crianças maiores deveriam assistir por menos de 1 ou 2 horas ao dia. Os pais devem ficar muito atentos à programação.

868
Por que desligar?
Desligar a tevê pode não incentivar seu filho a se exercitar mais, mas ainda assim pode ajudar na perda de peso, pois as crianças tendem a comer e beber mais em frente à televisão.

869
Comerciais
A exposição a comerciais de produtos com excesso de açúcar e calorias e sem nutrientes está relacionada à obesidade. Prefira canais sem comerciais ou coloque um filme no DVD.

870
Contra a criatividade
Quanto mais assistem à televisão, menos as crianças brincam de maneira imaginativa. É a fantasia que as ajuda a adquirir habilidades de comunicação, a explorar papéis sociais, a expressar emoções, a fazer amigos e criar relacionamentos.

871
Não assista, converse
Crianças menores de 2 anos não aprendem palavras nos programas de televisão. Converse com seu filho para ele adquirir vocabulário.

872
Dentro e fora
Brincar ao ar livre e ver tevê não são atividades excludentes. Um estudo canadense revelou que 91% dos jovens que jogam videogame também gostam de brincar em grupo ao ar livre.

873
Jovens em frente à telinha
Adolescentes têm visto mais televisão (uma pesquisa apontou a tevê como fonte de orientação para 46% dos adolescentes no Brasil). Converse com seus filhos sobre os problemas que isso pode causar.

874
Monitore
Mantenha a tevê e o computador num ambiente comum da casa, assim você controla o tempo de uso. Além disso, pode acompanhar os bate-papos na internet.

875
Babá eletrônica
O efeito hipnótico da tevê sobre seu filho pode parecer uma ajuda. Mas a Universidade de Yale descobriu que essa exposição toda pode levar a reflexos lentos, falta de atenção e expectativa de mudanças rápidas. Brincar é muito mais saudável.

Ativos em casa

Crianças ativas saem-se melhor na escola e têm mais autoconfiança e menos risco de sofrer de depressão, estresse e obesidade. Veja formas de mantê-las longe da televisão nos dias de chuva. E mexa-se também.

876
Atividade diária
A Associação Nacional de Esporte e Educação Física dos EUA recomenda de uma a várias horas de atividades físicas por dia para crianças de 6 a 12 anos. Os exercícios podem ser divididos ao longo do dia. Além disso, as crianças não devem ficar sentadas por mais de 2 horas seguidas.

877
Instale um trapézio
Reserve um espaço na sala para instalar uma escada de corda, um trapézio ou argolas para as crianças se pendurarem em dias de chuva. Assim, elas fortalecem a parte superior do corpo e melhoram a coordenação, o equilíbrio e a autoconfiança.

878
Jogo dos ambientes
Pegue um baralho: para cada naipe defina um cômodo da casa e, para cada número uma letra do alfabeto (2=A, 3=B etc.). Sente-se com as crianças em círculo; cada um pega uma carta. Quem pegar deve correr ao cômodo correspondente e voltar com um objeto de lá que comece com a letra indicada, mostrando aos outros. Depois, o exercício é devolver os objetos aos seus lugares.

Ligue o som e crie uma discoteca para as crianças.

879
Para crianças
Abra os braços no vão da porta e encoste a palma das mãos nos batentes. Pressione por 1 minuto. Relaxe os braços ao longo do quadril. O que acontece com eles?

880
Escultura de pão
Dê uma baguete para cada criança. Peça para elas tirarem o miolo, mas sem jogar fora. Elas podem transformar os pães num castelo, num ônibus ou em outras figuras. Use o miolo para modelar detalhes para o interior das esculturas. Utilize canetinha ou corante para decorar.

881
Tapete mágico
Sente as crianças sobre uma manta. Fale para elas fecharem os olhos e imaginarem que estão voando em outro mundo. Quando aterrissarem, pergunte onde estão. O que elas veem, ouvem e sentem? Peça para abrirem os olhos e contarem todos os detalhes dessa viagem.

882
Discoteca
Convide seus filhos e os amigos deles para treinar coreografias ouvindo suas músicas preferidas. Eles podem até compor seu próprio som (com letra e tudo) usando o computador.

883
Mapa do corpo
Peça para cada criança deitar numa grande folha de papel e para outras desenharem seu contorno. Assim, elas criam um mapa do corpo. Diga para escreverem dentro do contorno o que deixa o corpo em forma, e fora o que não faz bem. Perto da cabeça, escreva maneiras de ficar saudável, como aprender a cozinhar bons alimentos.

Com um pouco de imaginação e algumas sucatas, todos podem ser artistas.

884
Aula de teatro
Aprender a improvisar, interpretar, dançar e cantar fora do palco da escola é uma boa forma de promover a consciência corporal e a autoestima.

885
Dia no museu
Museus são lugares fantásticos para se manter em forma se você seguir o circuito ao longo dos corredores e levar um caderno para desenhar o que está vendo (sente-se no chão ou nos bancos para desenhar).

886
Arte de sucata
Junte um grupo de crianças e proponha a elas um desafio: escolher cinco materiais reciclados para esculpir barcos, moinhos, faróis. Procure ideias no livro de ciências da escola. Afaste o tédio colocando a cabeça e as habilidades motoras dos pequenos para funcionar.

887
Fotógrafo
Dê ao seu filho o desafio de produzir um portfólio de fotos sobre o mesmo tema – brinquedos, amigos, plantas. Incentive-o a captar os objetos de diversos ângulos, para que assim ele agache, suba numa cadeira, aproxime-se bem até ficar desfocado, ou tire a foto de longe.

888
O que vovó fazia?
Pergunte aos seus avós (ou a outras pessoas mais velhas) o que eles faziam quando eram pequenos. Escreva ou grave o que eles disserem. Veja se seu filho consegue resgatar alguma atividade, como truques de mágica e cantigas para pular corda.

Crianças ao ar livre

Brincadeiras ao ar livre, em contato com a natureza, são muito importantes para o desenvolvimento das crianças. Além de deixá-las mais ativas, estimulam o intelecto e proporcionam equilíbrio emocional e espiritual. Mas nossa ansiedade em proteger os pequenos (de carros, estranhos, outras crianças) nos faz limitar a vida deles ao livre. Aqui estão algumas atividades seguras para a meninada.

Uma árvore frutífera só dele incentivará seu filho a ficar ao ar livre.

889
Sujinhos
Num estudo, 72% das crianças questionadas disseram que evitavam brincadeiras lamacentas porque seus pais não gostavam de sujeira. Supere sua fobia, sobretudo com crianças pequenas, e prepare-as para um futuro de atividades físicas. Pesquisas mostram que a exposição oral a micróbios fortalece a imunidade e protege contra alergias.

890
Contando grama
Peça para o seu filho se deitar no chão e contar as folhas da grama ou procurar insetos. Depois, deixe-o olhar para o céu. O que ele vê, cheira, sente?

891
Corrente de margaridas
Ensine seu filho a fazer uma: colha margaridas com caules longos, fure com a unha a ponta do caule de uma e passe o caule da outra por dentro, e assim por diante.

892
Faça um jardim
Em vez de deixar o espaço da frente de casa tomado pelos carros, transforme a fachada num oásis. Plante uma cerca viva ou enfeite os caminhos com vasos de plantas das quais as crianças possam cuidar.

893
Competição da flor
Quem consegue plantar a flor mais bonita? Compre sementes de uma variedade grande e que cresça rápido, plante em vasos com adubo e depois ajude as crianças a transplantarem para o jardim. Regue sempre e faça todos acompanharem seu desenvolvimento.

894
Plante uma árvore
Para celebrar o nascimento de seu filho, plante uma árvore frutífera e incentive-o depois a regá-la, acompanhar o seu crescimento, subir nos seus galhos, fazer piquenique à sua sombra, recolher folhas caídas e, o melhor de tudo, colher frutas.

Desafie as crianças para ver quem planta a flor mais bonita.

895
Passeio entre árvores
Estudos indicam que a frequência com que as crianças visitam bosques é o fator fundamental para que elas continuem frequentando lugares assim quando adultas. Passeie com elas quando houver flores ou folhas caindo (primavera e outono).

896
Sem fotos
Leve seu filho para passear sem câmera fotográfica ou celular. Assim, ele olha tudo por si mesmo, sem se preocupar com visores e ângulos.

897
Deixe o carro
Leve a família para conhecer lindas paisagens naturais de ônibus ou trem. Com isso, seus filhos ganham conhecimento e confiança para viajar quando estiverem maiores.

898
Esqueça os Irmãos Grimm
Alguns contos de fada mistificaram a floresta como um lugar sinistro onde as crianças se perdem ou são ludibriadas por estranhos. Mas outros a mostram como o lugar onde crianças derrotam a bruxa e encontram tesouros. Converse sobre isso com seus filhos para que eles se sintam seguros ao ar livre.

899
Mais atrativos
Faça um balanço no galho de uma árvore. Um estudo revelou que as crianças preferem a natureza com atividades, em vez de apenas árvores e a natureza.

900
Sem rastros
Pratique andar ao ar livre em silêncio, sem que ninguém saiba que você está lá. Para ser silenciosa, ande na ponta dos pés, com muita atenção, para não se machucar. Repita em diferentes tipos de terreno (na praia, em trilhas, no bosque). Não deixe rastros.

Bosques são ótimos lugares para brincar e acalmar as crianças.

901
Experimento ao ar livre
Organize um experimento: meça as sombras ao longo do dia ou confeccione um aviãozinho e faça-o voar. Um estudo do Departamento de Educação da Califórnia (EUA) mostrou que alunos que tiveram aulas de ciências ao ar livre melhoraram seu desempenho nas provas em 27%.

902
Verde contra o estresse
Crianças estressadas podem melhorar brincando na natureza, segundo uma pesquisa da Universidade de Illinois (EUA). Uma hora por dia já é eficaz.

Sozinhos ao ar livre

Brincar sem adultos por perto incentiva as crianças a serem responsáveis e sociáveis e aumenta a autoestima delas. Mas e a segurança? Apesar de não parecer, deixá-las sozinhas é mais seguro, pois só assim elas aprenderão a lidar com riscos e a tomar decisões que irão ajudá-las a viver em sociedade e no mundo.

903
Seja espontânea
Deixar as crianças brincar ao ar livre, sem objetivo específico nem vigilância de adultos, pode ser o que elas precisam para ficarem mais ativas. Uma pesquisa da Universidade de Londres mostrou que nas brincadeiras infantis elas se exercitam mais que em outras atividades.

904
Saúde mental
Falta de tempo para brincar ao ar livre é considerado um fator do aumento de problemas de saúde em crianças e jovens. Brincar livremente permite a experiência de diversas emoções, incluindo medo, raiva, choque, orgulho e compaixão, o que os torna seres humanos mais preparados.

Brincando livremente, as crianças conhecem a si mesmas e ao mundo ao seu redor.

905
Saúde emocional
Deixe seus filhos terem segredos e passarem um tempo longe dos adultos, ao ar livre, para que entrem em contato com a natureza. Segundo o ativista americano Richard Louv, a falta de experiência com a natureza pode levar à limitação dos sentidos e a uma infância marcada por sentimentos de isolamento e repressão.

906
Libere horários
Segundo especialistas, as crianças devem ter tempo para brincar ao menos três ou quatro vezes por semana. Se precisar, ajuste os horários para permitir que isso aconteça.

907
Espaços livres
As crianças preferem brincar em lugares não planejados, longe do

olhar adulto. Em vez de parquinhos, opte por chácaras, sítios e campinhos, que oferecem espaço e liberdade para atividades variadas, como brincar de cabaninha. Negocie com elas algumas regras.

908
Aventuras no parquinho
Os parquinhos fazem os pequenos (e os adultos) se sentirem seguros. Se o seu filho participar da organização do parquinho, ele vai gostar mais de brincar nele e ficará ativo por mais tempo.

909
Desenvolva-se
Deixar as crianças saírem sozinhas é uma maneira de os pais desenvolverem a confiança nelas, mesmo diante da incerteza. Reavalie seus valores abraçando esse tipo de aprendizado.

910
Aceite o risco
Brincar sem supervisão, ao ar livre, inevitavelmente oferece algum risco. Os pais devem colocar numa balança: esse risco é ou não maior do que o de comprometer o bem-estar físico, mental e emocional da criança, deixando-a trancada em casa? Quem fica em casa também não tem como aprender a se defender do mundo exterior.

Se a atividade é divertida, as crianças ficam mais tempo brincando.

911
Pais unidos
Reúna um grupo de pais e combine lugar e horário para levar e buscar as crianças, deixando-as brincarem sozinhas. Comece pelo parque ou por uma praça.

912
Deixe um telefone
Use a tecnologia para se sentir segura, deixando um celular com seu filho. Você pode ligar para ver se está tudo bem e ele também pode procurá-la, em caso de emergência.

913
Mais liberdade
Viagens ecológicas e acampamentos são boas oportunidades para deixar as crianças independentes. Incentive-as a montar uma barraca, cuidar dos mais novos e resolver os desentendimentos entre elas, sem pedir ajuda a adultos.

914
Florais que ajudam
Para ganhar confiança e dar liberdade aos seus filhos, experimente:
- *Illawara flame tree*: para os pais que têm dificuldade em aceitar a independência da criança.
- *Yellow cowslip orchid*: ajuda a ser menos controladora e pessimista.
- *Dog rose*: para os que se torturam com a pergunta "e se?"

915
Antipreocupação
Quando estiver sofrendo com a ideia de deixar as crianças sozinhas, feche os olhos e respire, sentindo um calor em torno do coração. Enquanto solta o ar, imagine o calor percorrendo por sua coluna até os pés e o chão. Junto com ele, livre-se das preocupações.

916
Ajude-os
Se seus filhos não brincam com outras crianças fora de casa por falta de transporte, organize um rodízio entre os pais para levá-los e buscá-los no parque ou no clube.

Jogos sem times

Muitas crianças não gostam de jogos organizados e com times. Tirá-las da tevê e do computador é um desafio, por isso aqui vão dicas para ajudar. Ganhando habilidade (e boa forma), é mais provável que elas conquistem autoconfiança e se interessem por esportes coletivos.

917
Andar de bicicleta
Se seu filho está sofrendo para aprender, não use rodinhas, pois elas retardam o ganho de equilíbrio. Tente baixar o banco para que ele encoste os pés no chão e se empurre até conseguir, pouco a pouco, levantar os pés.

918
Pular corda
Pratique em casa para que seu filho fique seguro o suficiente para brincar na escola. Duas pessoas batem a corda enquanto ele pula. Aumente a velocidade conforme ele vai ganhando confiança.

919
Cantiga
Enquanto seu filho pula corda, cante uma cantiga infantil para acompanhar a brincadeira.

920
Cama elástica
Pular desenvolve o equilíbrio, o ritmo e a coordenação motora; fortalece os músculos, a massa óssea e a circulação. Dez minutos na cama elástica equivalem a 30 minutos correndo ou pedalando. Escolha um modelo com uma rede de segurança e deixe apenas uma criança por vez brincar.

Jogar com a criança dá a ela a confiança necessária para participar de esportes.

921
Skatista iniciante
Para convencer a criança a subir no *skate*, ensine-a antes a descer uma ladeira num carrinho de rolimã. Como ele é maior, o risco de cair é menor, e ela fica mais perto do chão.

922
Olimpíadas de jardim
Organize um minicircuito olímpico no jardim, com "estações": para pular, correr numa trilha e jogar bola. Premie quem conseguir completar as tarefas, como bambolear por mais tempo. Feche o dia com uma corrida em família.

923
Ensine alongamentos
Depois da atividade física, mostre às crianças este alongamento para os músculos principais das pernas e das coxas. É bom para aliviar músculos tensos e doloridos depois de jogar bola, andar de bicicleta e correr.
Em pé, de frente para uma parede, com os joelhos juntos e a mão esquerda apoiada na parede, encoste o calcanhar direito na nádega direita, mantendo os pés juntos.
Em pé, com o pé esquerdo perto da parede e o pé direito atrás de você, apoie as mãos na parede. Sinta alongar toda a parte de trás da perna.
Ainda na posição, flexione o joelho de trás até sentir alongar

JOGOS SEM TIMES 177

mais a panturrilha. Repita tudo com a outra perna.

924
Saudação ao sol
Esta sequência de ioga alonga os principais músculos do corpo de maneira ativa e é ótima para toda a família.
Em pé, corrija a postura. Soltando o ar, incline-se para a frente e apoie as palmas no chão, ao lado dos pés. Dê um grande passo para trás com um pé e depois com o outro, empurrando o quadril para cima, como na forma de uma montanha. **Sem mover as mãos**, fique de joelhos e deite-se de bruços no chão (sem mover os pés também). Quando os ombros estiverem sobre as mãos, empurre-se para cima, fazendo um arco com as costas. **Volte** à posição de montanha e dê um passo com um pé e depois com o outro para a frente, de modo que fique em pé, mas com o tronco inclinado em direção ao chão. Levante-se inspirando. Repita todos os passos, alternando o primeiro pé a dar o passo. Faça seis vezes.

925
Mude a perspectiva
Experimente dar a seu filho o floral australiano *Wild Potato Bush*, que libera uma sensação de leveza física e de liberdade. Ele encoraja crianças tímidas ou com sobrepeso a se divertir nos esportes.

926
Visão do corpo
Para os adolescentes que estão se sentindo envergonhados ou expostos demais devido às mudanças rápidas de seu corpo, experimente os seguinte florais:
• *Billy Goat Plum*: para quem está se sentindo feio ou sofre de autorrepulsa.
• *Kangaroo Paw*: ajuda os que se sentem "por fora" ou os desastrados.
• *Wisteria*: para meninas que estranham a feminilidade aflorada.

Pule na cama elástica: seu filho vai gostar da sensação de leveza.

Minicozinheiros

Se a criança cresce habituada a uma variedade de alimentos saudáveis, como frutas, verduras, legumes e cereais, ela provavelmente seguirá uma boa dieta na fase adulta. Esses hábitos evitam, ainda, que ela se entregue ao *fast food* na adolescência. E, para acompanhá-la, você também come bem.

927
Ensine a comprar
Leve seu filho ao mercado e mostre como você reconhece as comidas mais saudáveis. Compare rótulos para descobrir o açúcar embutido (dica 254) e frutas invisíveis (dica 257) e opte por versões integrais.

928
Refrigerantes
Impeça seu filho de ir correndo à geladeira de refrigerantes explicando a ele o que há nessas bebidas. Uma lata contém cerca de 8 colheres (sopa) de açúcar.

929
Transmita consciência
Ensine às crianças a não acreditarem em todos os apelos de "zero açúcar" em sucos e outras bebidas, e a procurarem pelas palavras-chave no rótulo. Se há apenas "suco", é suco mesmo. Se houver outras indicações, como "gaseificado" ou "batido", é bom ver o rótulo.

930
Dê água
Deixe uma jarra de água perto das crianças ao longo do dia, para que elas se sirvam. Um refrigerante por dia aumenta o risco de obesidade infantil em 60%.

931
Sinta o sabor
Coloque uma venda na criança e ofereça um gole de todo tipo de bebida com laranja: do suco natural, recém-espremido, ao refrigerante de laranja, passando pela laranjada com açúcar e por sucos prontos. Peça a ela para identificar os sabores, incluindo o doce e o amargo, o cheiro e a textura. Ele consegue perceber a diferença entre o natural e o processado? (A Organização Mundial de Saúde atribui a obesidade a este último.)

932
Diversão com frutas
Sirva frutas variadas para as crianças pequenas. Faça carinhas ou desenhos com as frutas numa travessa.

933
Versinhos
Compre ímãs com letras e peça para o seu filho montar palavras descrevendo o sabor e a textura das comidas (frutas, vegetais, salada). Use-as para formar versos na porta da geladeira.

934
Roleta do sabor
Coloque chocolate ou bombons dentro de cubos de gelo, assim como outros alimentos inesperados, como uma azeitona, um dente de alho e um cravo-da-índia. Brinque de roleta do sabor com seu filho, escolhendo cubos.

Ensine seu filho a plantar manjericão e mostre a ele seu aroma delicioso.

935
Visite uma fazenda
Descubra um sítio que produza alimentos, como queijos e mel, perto da sua casa e leve seu filho para conhecê-lo.

936
Plante manjericão
Ensine seu filho a plantar colocando algumas sementes num vaso grande com adubo, de acordo com as instruções da embalagem. Regue e coloque no peitoril da janela da cozinha. Plantar é uma ótima maneira de mostrar às crianças como os alimentos frescos têm fragrância e sabor maravilhosos.

937
Plante ervilhas
As crianças vão adorar tirá-las das vagens. Com isso, você lhes dá outro exemplo de como é gostoso lidar com alimentos frescos.

938
Cozinhando juntos
Mesmo que seu filho seja pequeno demais para ajudar na cozinha, incentive-o a cozinhar com você. Crianças que têm contato com os ingredientes aprendem instintivamente a combinar os sabores e as texturas.

939
Almoço para elas
Peça ajuda a crianças maiores para preparar o almoço e o lanche para levar à escola. Cozinhe arroz integral, feijão e grelhe uma carne ou um peixe. Ou faça uma massa com atum e milho. Prepare uma salada.

940
Colhendo tomates
O licopeno é um nutriente vegetal que faz bem ao coração, à vista e à pele, desde a infância. O tomate é a melhor fonte dessa substância, sobretudo se ele for plantado em casa, sem agrotóxicos, e comido fresquinho.

1. Coloque sementes numa caixa de ovos com adubo e cubra-as com mais uma camada de adubo. Regue com cuidado.

2. Transplante para alguns vasos. Quando as flores brotarem, plante numa jardineira com uma haste para dar suporte.

3. Quando o tomateiro tiver cinco galhos, pode-o em cima e nas laterais. Regue sempre e ponha fertilizante para tomate toda semana.

941
Panqueca
Peça para seu filho escolher o recheio: mussarela, carne moída, ovo, atum, tomate, espinafre. Deixe-o enrolar a panqueca, sozinho.

942
Dá-lhe cálcio!
O consumo de cálcio é importante para as crianças, sobretudo perto da adolescência. Entre 2 e 8 anos, elas precisam de 2 copos de leite por dia. Após os 8, de 3 copos. Use leite nas bebidas e na comida.

943
Arroz-doce
Uma criança pode ajudá-la a preparar. Cozinhe 100 g de arroz em 700 ml de leite. Acrescente 2 colheres (sopa) de açúcar, ameixas secas picadas e cravos. Cozinhe mais um pouco. Passe para uma travessa e polvilhe canela.

Cozinhar juntos deixa todos da casa interessados em boa comida.

944
Picolés caseiros
Coloque iogurte *light* em forminhas para picolé, acrescente pedacinhos de fruta, coloque os palitos e leve ao congelador para solidificar.

945
Hoje é sua vez
Todo mundo fica mais interessado na comida se ela foi planejada em conjunto. Experimente dedicar um dia a cada prato: feijão com arroz na segunda, macarrão na quinta e um assado com direito à sobremesa no domingo.

946
Abra o apetite
Quantos tipos diferentes de comida você consegue comer numa semana? Comece uma competição em casa e deixe seus filhos calcularem os pontos.

947
Vitaminas
Apresente às crianças boas fontes das vitaminas A, C e E, que fortalecem a imunidade, pois assim elas levarão esse hábito para a vida adulta. Você encontra vitaminas A e C em frutas e vegetais vermelhos, como tomate e pimentão, e folhas verde-escuras. A vitamina E está no germe de trigo, espiga de milho, nozes, castanhas, sementes de linhaça e girassol etc.

Hora da papinha

Pode ser frustrante dedicar esforço, amor e tempo precioso preparando papinhas saudáveis, para depois o bebê se recusar a abrir a boca. Confira modos de evitar esse conflito e impedir que as refeições virem um campo de batalha. Bons hábitos à mesa começam no primeiro contato com os alimentos sólidos.

948
Do que eles gostam
Um estudo sobre as preferências alimentares de crianças revelou que os bebês preferem papinhas, enquanto os maiorzinhos gostam de comidas mais sólidas. Porém, quando os bebês experimentaram comidas mais consistentes, também aprovaram. Por isso, comece a dar comida "de verdade", além das papinhas.

949
Desmamar
Tente passar o bebê do leite materno (depois dos 6 meses) direto para os pedacinhos de alimentos

Pense na textura e no sabor quando preparar a comida do bebê.

que você faz em casa, em vez de lhe oferecer apenas purês prontos. Aos 6 meses, a criança já consegue "mastigar" e engolir, e já tem coordenação suficiente para escolher e pegar pedaços. Bebês que conhecem a textura da comida caseira tendem a ser mais receptivos a novos sabores.

950
Porções ideais
O segredo para conseguir desmamar o bebê sem conflito é dar a ele pedaços fáceis de segurar. Introduza vegetais cozidos antes de frutas, para que ele não se vicie no sabor doce. Tente brócolis e cenoura ao vapor, batata-doce assada e mandioquinha cozida. Não dê carboidratos, gorduras ou produtos ricos em proteína antes dos 8-9 meses.

951
Lá vem bagunça
Desmamar o bebê dando-lhe comida causa uma sujeira maior do que dar papinha na boca dele.

Bebês que comem comida ficam mais abertos a novos sabores mais tarde.

Coloque jornal embaixo do cadeirão e compre babadores grandes.

952
Coma com o bebê
Faça da refeição um momento para os dois comerem juntos. Mesmo que você não queira fazer uma refeição inteira, belisque alguma coisa que ele também esteja comendo. Pode parecer chato, mas é menos do que ter um bebê de 11 meses que não come comida de adulto.

953
Observe os ingredientes
Tente evitar os seguintes ingredientes em papinhas para bebês industrializadas: água, espessantes (como farinhas),

adoçantes, açúcar e melados. Comidas com aditivos como esses possuem menos de 50% dos nutrientes em relação às que contêm frutas e vegetais frescos.

954
Qual potinho?
Ao escolher um purê pronto de um só ingrediente, opte pelo que tiver mais calorias e carboidratos. Ele também terá mais fruta e vegetal e, portanto, muitos nutrientes.

955
Faça a sua
Evite ao máximo as sobremesas prontas, como purês de frutas. Faça a sua em casa: amasse uma banana ou misture pedaços de damascos secos a um iogurte natural.

956
Boicote à papinha
Comprar papinhas industrializadas para bebês dá ideia de que a criança precisa de uma comida separada. Daí a comprar alimentos em forma de bichinhos, é um passo. Não deixe suas refeições complicadas e caras.

957
Não desista
Tenha coragem e persistência, em vez de só fazer as vontades do bebê. Deixe ele comer em família e sirva a todos a mesma comida. Após algumas semanas de adaptação, o bebê comerá bem.

958
Lanchinho
As crianças precisam de lanches, sobretudo antes dos 5 anos, pois a barriguinha delas não dá conta de absorver nutrientes e calorias suficientes até a próxima refeição. Entretanto, muitos pais acham que os lanches atrapalham as refeições. Em vez de deixar os lanches à mão, determine horários para servi-los, como o meio da manhã e o meio da tarde e antes de dormir.

959
Porções na medida
Uma pesquisa britânica mostrou que crianças de 3 anos nunca comerão demais, mesmo que tenha muita comida no prato. Aos 5 anos,

Muitas vezes, as crianças não gostam de legumes e verduras. Persista e continue servindo.

isso muda: elas, como os adultos, comem mesmo quando já estão satisfeitas. É bom medir o tamanho da porção de seu filho em idade escolar.

960
Congele as sobras
Se a sua comida, mesmo sendo deliciosa, costuma ser rejeitada, sirva pouco e congele o restante em porções pequenas.

961
Desafio dos vegetais
Uma mãe tentou de tudo para que seu filho comesse vegetais: presentes, chantagem, guerra. Como ela se saiu vitoriosa? Com um jogo (*on-line* ou feito por você), em que a criança pode escolher os legumes e as verduras que quer comer de A a Z, de aspargo a vagem. Após a brincadeira, todo mundo ficou feliz. Por que você não faz um *blog*, dividindo a experiência (e o jogo) com outras mamães? Aproveite para postar receitas também.

962
Atitude positiva
Como você serve a comida? Já desanimada ou irritada com a perspectiva de seus filhos a rejeitarem? Corrija a sua postura,

Deixe seu filho comer no tempo dele e não o pressione para comer tudo.

alinhando ombros, quadril e tornozelos. Ao soltar o ar, relaxe os ombros e abra o peito. Essa postura transmite calma e segurança.

963
Não fique olhando
Deixe a criança comer sem ficar olhando para ela. Num estudo com estudantes, os seguintes comportamentos foram relacionados à bulimia e à anorexia nervosas: pais que dominavam a conversa; hostilidade; pressão para comer tudo que é servido e acabar ao mesmo tempo que os outros; comida usada como castigo; comida usada como bonificação ou consolo. Evite agir assim.

964
Não chore
Se você se magoa quando seu filho rejeita uma comida preparada com amor, tome algumas gotas do floral de Bach *Rescue*. Ele vai ajudá-la a lidar com esse sentimento sem ficar brava. O floral australiano *Essence Boab* é útil se você notar que um comportamento de infância está sendo repetido à mesa.

965
Consulte um homeopata
Um apetite caprichoso, que escolhe apenas comidas específicas, pode indicar um perfil homeopático particular. Se o comportamento alimentar de seu filho a preocupa, converse com um homeopata.

966
Florais para os exigentes
Os seguintes florais são próprios para crianças exigentes demais à mesa:
• *Fresh Water Mangrove* (australiano): para os que "sabem" que não vão gostar de algo antes de experimentar.
• *Walnut* ou *Chestnut Bud* (Bach): para quebrar hábitos repetitivos e ajudar a criança a tentar algo novo.
• *Peach Flowered Tea Tree*: para os que só querem doces.

Comendo juntos

A boa notícia? Crianças de famílias que comem reunidas comem mais devagar e de maneira mais saudável – para sempre. A má notícia? Crianças que não comem em família (e assistem à tevê) têm mais chance de ficarem obesas, segundo um estudo publicado em 2008 pela Associação Americana de Dietética.

967
Jantar sem televisão
A maioria das famílias americanas janta assistindo à tevê, segundo uma pesquisa de 1999. No Reino Unido, mais de metade das crianças faz o mesmo, o que resulta num consumo maior de comida e calorias.

968
Distribua as tarefas
O jantar funcionará melhor se todo mundo, inclusive as crianças, desempenhar um papel, seja nas compras, na cozinha, colocando a mesa ou lavando a louça.

969
Coma com seus filhos
Refeições em família podem prevenir distúrbios alimentares. Uma pesquisa da Universidade de Minnesota (EUA), em 1999, descobriu que adolescentes que participavam de cinco ou mais refeições em família por semana tinham menos chance de desenvolver, cinco anos depois, comportamentos alimentares problemáticos, como bulimia e ingestão de diuréticos para controlar o peso.

970
Prepare o café da manhã
Os horários dos membros da família às vezes são tão incompatíveis que o

Recrute toda a família para preparar o jantar e distribua tarefas.

café da manhã é a única refeição que todos podem fazer juntos.

971
Café para adolescentes
Pesquisas mostram que jovens que pulam o café da manhã não consomem nem dois terços da quantidade de vitaminas e minerais recomendada para a idade. Já os que fazem essa refeição têm menos chance de se viciar em drogas e de desenvolver comportamento antissocial e distúrbios alimentares.

972
Entre na deles
Divirta-se com adolescentes durante as refeições. Jovens que se sentam à mesa com a família pelo menos cinco vezes por semana têm menos chance de se envolver com drogas e de ficar depressivos, saem-se melhor na escola e constroem relações mais saudáveis do que os que o fazem apenas três vezes por semana.

973
Alimentação saudável
Um estudo da Universidade de Minnesota (EUA) descobriu que comer em família durante a adolescência define padrões alimentares para toda a vida. Jovens que fazem as refeições com os pais tendem a comer mais frutas e vegetais e a beber menos refrigerante.

COMENDO JUNTOS 185

974
Cálcio para as meninas
Se suas filhas não gostam de leite enriquecido com cálcio, prepare refeições repletas de fontes de cálcio: sardinha e salmão; amêndoas e gergelim; e vegetais verdes, como acelga e brócolis.

975
Momento especial
A refeição com crianças pode ser um pesadelo, mas não desista. Num experimento da apresentadora americana Oprah Winfrey, familiares que comeram juntos durante um mês mantiveram, cada um, um diário sobre a experiência. Os diários mostraram que as crianças adoram esse momento.

976
Florais contra a raiva
Mantenha a raiva longe com os seguintes florais:
- *Snapdragon* (californiano): se você quer dar menos respostas atravessadas e agressivas;
- *Mountain Devil* (australiano): para não intermediar conflitos entre os irmãos durante as refeições.

977
Conversa à mesa
Aproveite as refeições para conversar. Crianças que comem em família falam com mais facilidade e têm um vocabulário maior porque participam de conversas longas.

978
Jogo em família
Proponha um jogo em que todos têm de falar sobre sua atividade favorita da semana, o que os fez rir naquele dia ou o enredo do livro que estão lendo. Ou cada um diz uma palavra para formar uma frase.

As refeições são uma ótima oportunidade para ensinar boas maneiras e novas palavras.

Brócolis é uma ótima fonte de cálcio, essencial para a saúde dos dentes e dos ossos.

979
Compartilhe histórias
Prepare pratos típicos da cultura de origem da sua família e conte histórias sobre como as outras gerações se alimentavam. Isso aumenta a autoestima dos seus filhos.

980
Garfo e faca
Ensine seu filho em fase pré-escolar a usar garfo e faca, a passar manteiga no pão, a cortar e a enrolar o macarrão.

981
Etiqueta
Dar o exemplo é a melhor forma de ensinar: não comece a comer até que todos estejam servidos; fique sentada até que todos tenham terminado; experimente pratos novos; não fale com a boca cheia.

Festinhas de criança

Em festinhas, não há problema em se deliciar com guloseimas, mas estas não precisam ser sempre gordurosas e calóricas. Sirva alguns dos quitutes que apresentamos a seguir, além de brigadeiros e balas de coco. Não deixe de propor brincadeiras. Convide as crianças para ajudar na preparação da festa.

Espetinhos de fruta divertem as crianças na festa.

982
Ponche de frutas
Misture partes iguais de suco de laranja e água com gás. Acrescente morangos picadinhos, pedaços de laranja, maçã e uva.

983
Vitamina de morango
Para começar a festa, mantenha as crianças longe da mesa de doces com esta bebida energética. Bata no liquidificador 250 g de morangos (ou de outra fruta vermelha). Acrescente 6 colheres (sopa) de iogurte natural e 500 ml de leite frio. Decore com fruta picada.

984
Limonada
Esta receita fica bem mais gostosa do que sucos prontos, que possuem muito açúcar, essências e aditivos.

4 limões
4-6 colheres de açúcar
800 ml de água com gás gelada
folhas de hortelã
rodelas de limão para decorar

Descasque os limões e coloque a casca numa jarra. Esprema os limões e acrescente o suco na jarra. Adicione o açúcar e 200 ml de água fervente. Misture até dissolver. Deixe esfriar, depois leve à geladeira. Junte a água com gás. Decore com folhas de hortelã e rodelas de limão. Sirva com gelo.

985
Sanduíches
Faça sanduíches em pão branco e integral, alternando-os na travessa. Outra ideia é fazer torradas de pão integral ou sírio e servi-las com requeijão, patê de cenoura ou homus.

Os sanduíches ficam mais atraentes quando são alternados de pão branco e integral.

986
Vegetais para festa
- Azeitonas
- Palitos de pepino, cenoura e erva-doce
- Rabanetes
- Tomates-cereja
- Grão-de-bico
- Pimentão fatiado
- Ervilhas-tortas

987
Fondue especial
Derreta chocolate meio-amargo (70% cacau) e um pouco de chocolate branco separadamente. Coloque em duas tigelas e ofereça às crianças fruta picada e castanhas – banana, morango, maçã, castanhas-do-pará e castanhas de caju – para mergulhar nos chocolates.

988
Jogo do paladar
Coloque uma venda nos olhos das crianças e peça para adivinharem o que são os seguintes alimentos: fatias de limão, casca de laranja, folhas de hortelã, cebolinha, chocolate, café, mel, marzipan, cravos-da-índia e jabuticabas.

989
Pesca de maçãs
Esse é um jogo divertido! Coloque uma maçã por criança numa banheira (ou piscina inflável). Prenda os cabelos delas e coloque aventais de plástico em todas. Elas têm de pegar a maçã com a boca.

990
Espetinhos de fruta
Prepare tigelas com uvas, cubos de abacaxi e de maçã, bolinhas de melão e morangos. Dê um espetinho de churrasco para cada criança montar o seu. Depois, ofereça molhos para acompanhar.

991
Frutas para festa
- Cubos de abacaxi
- Cubos de melancia
- Morangos
- Damascos secos
- Uvas-passas
- Uvas sem caroço

992
Salgadinhos saudáveis
Opte pelos que são assados e não contêm muito sal. Pipoca é uma boa alternativa, pois você pode colocar pouco sal ou fazê-la doce com um pouco de açúcar ou mel.

993
Festa esportiva
Pesquise na sua cidade se há como fazer a festinha numa pista de *skate* ou de patins, numa escola de circo ou mesmo na piscina. Ou contrate um monitor que coloque as crianças para se mexer.

994
Gincana festiva
Marque o encontro no parque e organize uma série de corridas: do saco, do saci, para trás, da colher (equilibrando um ovo nela) e outras que você conhecer.

995
Surpresa com prendas
Embrulhe um presente com várias camadas de papel. Em cada uma, coloque instruções de uma prenda que as crianças precisem pagar, como virar estrela, dar cambalhota, ficar num pé só por um minuto ou pular. Sentadas num círculo, as crianças podem ir passando o

Sugira prendas que envolvam atividades físicas e coloque-as num presente.

presente até a música parar. Quem estiver com o presente na mão paga a próxima prenda.

996
Muita música
O que seria de uma festa sem brincadeiras musicais? Brinque de estátua, jogo das cadeiras e competição de dança.

997
Jogo da bexiga
Veja quem consegue equilibrar uma bexiga pelo maior tempo possível usando apenas a cabeça. Depois, divida as crianças em times que têm de passar a bexiga de uma em uma, sem usar as mãos. Pode-se usar a cabeça, os ombros ou o peito.

998
Confecção de aventais
Compre um avental por criança e muitas canetas para tecido. Separe fotos de alimentos para inspirá-las. Peça para pintarem seus aventais com temas ligados à comida e aos ingredientes para prepará-la.

Para terminar bem, peça para todo mundo tentar derrubar a *piñata*.

999
Lembrancinhas
Para terminar a festa com energia, coloque guloseimas e brinquedos numa *piñata* (balão que fica pendurado no teto, uma tradição espanhola). As crianças têm de estourá-la. Se você prefere lembrancinhas não comestíves, opte por estas:
- Carrinhos
- Bastões fluorescentes
- *Kit* para montar pipa
- Pistolas de água
- Bolinhas coloridas
- *Kit* para bolinha de sabão

1000
Sacolinhas
Estimule a criatividade de seus filhos recrutando-os para preparar as sacolinhas de lembranças. Eles podem pintar ou desenhar em folhas brancas ou de papel pardo. Depois, enrole-as em forma de cone, prenda com fita adesiva e preencha com lembrancinhas.

1001
Quem se mexer...
Está fora! Ao final da festa, peça para as crianças se deitarem e fingirem que estão dormindo. Quem se mexer, sai da brincadeira.

Referências

Saúde
Associação Brasileira de Medicina Complementar – ABMC
www.medicinacomplementar.com.br
Associação Médica Homeopática Brasileira
www.amhb.org.br
Instituto Brasileiro de Plantas Medicinais
www.ibpm.org.br
Sociedade Brasileira de Atividade Física e Saúde – SBAFS
www.sbafs.org.br
Sociedade Brasileira de Cardiologia – SBC/ Funcor
www.cardiol.br

Sociedade Brasileira de Diabetes – SBD
www.diabetes.org.br
Sociedade Brasileira de Endocrinologia e Metabologia - SBEM
www.endocrino.org.br/sbem.php
Sociedade Brasileira de Pediatria - SBP
www.sbp.com.br

Alimentos
Agência Nacional de Vigilância Sanitária
www.anvisa.gov.br
Associação Brasileira das Indústrias de Alimentos
www.abia.org.br

Associação de Agricultura Orgânica – AAO
www.aao.org.br
EMBRAPA Agroindústria de Alimentos
www.ctaa.embrapa.br

Livros
O Poder da Respiração (Publifolha, 2009)
Ioga – Saúde em 5 minutos (Publifolha, 2009)
Eu Adoro Ioga (Publifolha, 2006)
Alongamento (Publifolha, 2006)
Técnicas de Alongamento (Marco Zero, 2007)
Ginástica Laboral (Manole, 2008)

1001 Maneiras de Relaxar (Publifolha, 2009)
1001 Formas Naturais de se Manter Jovem (Publifolha, 2009)
100 Receitas de Saúde – Alimentos Funcionais (Publifolha, 2009)
365 Pratos Rápidos e Saudáveis (Publifolha, 2008)

Índice

A prova d'água 117
academia 42-5, 141, 143
acampamentos 154
acampamentos para adultos 145
acampar 153-5, 175
acelga 152
ácidos gordurosos 138
açúcar 26, 46, 56
aditivos 57
adoçantes 56
adolescentes e comida 184
agachamento 25, 37-8, 132
água 97
    em garrafa 92, 104
    hidratação 31, 35, 72, 77
álcool 96
    efeitos do 15, 73, 108, 135
    unidades 73, 134
alcoólicos anônimos 25
alecrim 31, 32, 71
alergias 172
alimentos de época 15, 68, 157
Aloe vera (babosa) 33, 71
alongamento do pescoço 63, 83, 107
alongar
    após cuidar da horta 52
    após pedalar 126
    braços 86-7
    depois da trilha 128
    e trabalho doméstico 36-7
    enquanto dirige 118
    no trabalho 86-7, 89, 90-1
    ombros 63
    para crianças 176-77
    para esportes radicais 148
    pernas 40, 106
    pés 106, 123
    pescoço 63, 83, 107
    pós-natal 161

amamentar 161
ameixas-pretas 35
amendoim 93
andar 133
    caminhada nórdica 122
    diariamente 41, 119-23, 156
    e insônia 75
    no campo 143-5, 150
    pós-natal 162, 163
    trekking 127-8
andar a cavalo 128
antioxidantes 35, 49, 74, 85, 135
apetite 33, 88, 180
apoio, dos amigos 21, 22, 27
aquecimento 36, 50, 137-9, 147
arco e flecha 146
aromatizantes 57
artes marciais 146
artesanato 144
articulações e juntas 138, 149, 162
atividade termogênica sem exercício 90
atividades ao ar livre 121-9, 143-55, 163-4, 172-3
atividades comunitárias 155-7, 175
aulas de barco 152
aulas de desenho 157
autocrítica 18
autoestima 20
aveia 33, 105
aiurveda 30

Babosa 33, 71
baby blues 162
bambolear 43-4
banco do carro 118
banheiros 69-71
banhos 69-70, 76, 164

batata 52, 96
batata frita 96
beber *veja* álcool; água
bebês 162-7
biscoitos 105
blogs 16-17, 156-7, 183
bola de pilates 82, 133
braços
    alongamentos 86-7, 118, 128
    tonificar 38, 44, 70-1
    treino de resistência 83
brincar 165-6, 170-80
bufê 99, 135-6
bulimia e anorexia nervosas 183

Cabelo 71, 102, 140
caça a objetos 145
caça ao tesouro 155
cadeira bumbo 164
cadeiras 39, 80, 81
café 35, 85
café da manhã 33-5, 115, 184
cafeína 75
caiaque 128-29
cãibra 123
cálcio 34, 85, 180, 185
calorias
calorias, queimar 103, 126
    necessidade de 10, 11, 161
cama elástica 176
camelo 128
caminhada nórdica 122
caminhada noturna 144
caminhada para meditar 87, 150
caminhadas em trilhas 127-8, 145
caminhar na areia 150
caminhar nas pedras 152
câncer 16, 35, 49, 59, 121
canto de pássaro 144

capoeira 146
capsaicina 49
carboidratos 20, 99
carne 16, 52, 59, 94, 99
carotenoides 149, 162
carregador de bebê 164
casa
    exercícios em 36-8, 42-5, 61-3
    remodele a 39-41, 66-8
castanhas 26, 105, 187
    e perda de peso 84, 93
cavar 51
caverna 148
celulite 69, 80
cérebro 86, 132, 164-6
chá de camomila 33
chá de ervas 104-5, 167-8
chá verde 85, 134, 149
check-up 73
chocolate 18, 77, 105, 187
circulação 32, 71, 86, 101, 111
coágulos sanguíneos 80
coca-cola 92
colesterol 15, 46, 93
    diminuir 15, 33, 49, 52, 85
comer fora 96-9, 136
    no trabalho 83-5, 88
    comer racionalmente 13-17, 46-60
comida das crianças 179-83
    festa 135-6
    intolerâncias 106
    lanches 83-5
    marmitas 92-5
    para dar bom humor 18, 26, 105
    sazonal 15, 58, 157
comida como consolo 20
comida francesa 97

comida industrializada 15, 22
comida japonesa 135
comida massuda 45
comida orgânica 49, 53, 57, 157
comida processada 15-16, 20, 55
 quantidade de sal 47, 57, 74
compra de alimentos
 consciente 53-4
congelador 45
conservantes 57
construir músculos 42-3, 50-1, 53, 146
conversar 185
cooperativa de comida 157
coral 111
corantes de comida 57
correr 121, 123, 163
corrida 15, 108, 121, 163
cortar madeira 41
cortisol 18
coxas, tonificar 25, 128
cozinhar 17, 58-61, 157
 com crianças 179-80
 prato único 59, 153
 slow cooking 58
creme de arnica 123
crianças
 alongamento 176-7
 atividades para 145, 170-80
 dieta 178-80
 ir para escola 119-20
 festas 186-8
 fortalecer imunidade 172
 hora da papinha 181-3
 relaxando 167-8
 veja também bebês
crianças pequenas 165-7, 181-5
cuidados com a pele 69-70, 149
cultivar cerca viva 54

Dança de salão 137
dançar 37, 137-9, 166, 171
deformidade do crânio 163
dentes 27, 32
depressão, amenizar 18-19, 111, 156
 relacionada ao clima 58, 100
 e ganho de peso 18, 20, 50
derrame 47, 66, 108, 121
desintoxicação 72-4, 142
desmamar 181-2
despertar espiritual 129
diabetes 33, 60, 108, 121
 aumentar o risco de 8, 59, 66
 e perda de peso 12
diários de comida 9-10, 11, 12
dieta 13-17, 33-5, 92, 149
 das crianças167, 178-82
dieta vegetariana 60
digestão 31, 33, 49, 65
dirigir 118
distúrbios alimentares 183, 184
distúrbios de ansiedade 18-19
 veja também depressão, estresse
diversão na praia 150-2
doença cardiovascular 8, 33, 108

doença do coração 32, 55, 66
 e álcool 108
 e perda de peso 12
 reduzir riscos 15, 33, 35, 60, 121
doenças na gengiva 32
dor nas costas 80-1
drinques 134

Endorfinas 20
energia, melhorar 22, 104-7, 133
ensopados 59, 60
equilíbrio 117
erguer fundos 120, 156
ervas 25-6, 179
ervilha 179
escalada urbana 147
escalar 146-7
esfoliação 69, 101
esfoliar 110
espelhos 41, 43
esporte 108, 133, 146-9
esqui 148
essências florais 68, 175, 183, 185
estações 163
estimulante de hortelã 149
estrelas, observar 155
estresse
 efeitos do 77
 lidar com 18-20, 22
 reduzir 50, 64, 100, 150, 175
estrias 70
etiqueta à mesa 185
exemplo 35, 165
exercícios abdominais 103, 121, 133, 162
exercícios aeróbicos
 ao ar livre 126,150, 154
 em casa 42-4, 50
 na academia 109, 110
 necessidade 10, 11, 161
exercícios, benefícios 15, 20, 30
 ao ar livre 143-8, 154
 depois do trabalho 108-11
 em casa 36-8, 61-3, 132
 necessidade diária 10, 100, 114
 no trabalho 80-3, 87, 89-91, 102-3
 pós-natal 160, 161
 roupa para 68
 tênis para 100, 116, 121, 137
 veja também alongamento
exercícios faciais 32
exercícios para a perna 40, 83, 106, 128
exercícios para distrair a mente 27
exercícios para o assoalho pélvico 160
exercícios para o ombro 63, 76, 107
experimentos científicos 173

Fast food 17, 73-4, 96
fazer compras 27, 53-7, 58, 178
fazer dieta 12-13, 22, 108

fé, redescoberta 24
febre do feno 46
feijão 95, 179
felicidade 20
feniletilamina 15
férias 127-9, 144
ferro 106
festas 133-5, 186-8
fibra 33, 49, 73
fígado 15, 72-4
filtro solar 149
flamenco 139
flavonois 18, 105
flavonoides 162
florais australianos
 para crianças 168, 177, 183
 para culpa 15
 para queimaduras 155
 para radiação 133
 remédios para açúcar 133
florais californianos 19-20, 22-3, 68
florais de Bach
 para baixa autoestima 13, 68
 para cansaço 77
 para crianças 183
fome 13, 14, 85
formação de time 108
fóruns virtuais 22, 51
fotografia 171
frango 48, 52
frisbee 154
frutas 35, 41, 60, 106, 149
 comprar 48, 54
 para crianças 162, 178
 para festas 136, 186, 187
 tamanho da porção 99
frutinhas 186
frutos do mar 151-2
fumar 26, 27, 118

Galerias 111, 171
ganho de peso 11, 13, 33, 96
garam masala 70
glutamato monossódico 57
glúteos 26, 69
gordura 85, 105
 dietas baixas em gordura 20
 gorduras saturadas 46, 55
 óleos 20, 94-5
grão-de-bico 152
grãos 48-9, 97
grupo de emagrecimento 22
grupo de teatro 171
grupos de leitura 111
guarda-roupa 66-8
guloseimas 14, 16, 22

Hiperatividade 57
hora da papinha 181-3
horário de almoço 86, 88, 100-3
hortas coletivas 51, 111, 155
humor 30, 93
 comida para melhorar o 18, 26, 105

Idade e calorias 10
ideias de presentes 136, 188
idiomas 103
imunidade 41, 111, 151, 172
inchaço 68
incontinência 160
índice de massa corporal (IMC) 9, 33
inquietude 90
insônia 70
ioga 110, 148, 154-5
 e metabolismo 74
 e relaxamento 25
 e respiração 103
 em casa 41, 132
 no acampamento 145
 para crianças 166, 177
 pós-natal 162
 tonificar os braços 44
iogurte 85
ir para escola 119-20

Jardinagem e horticultura 50-2, 111, 155, 156
jejum 73
jogos
 de crianças 154-5, 165, 170, 185
 festa 133, 187-8

Labirinto 129
lanches 57
 comida de festa 135
 das crianças 167, 182, 187
 saudáveis 60, 83-5, 105
lavar 63
leguminosas 49
leite 34-5, 85, 104, 180
levantamento de peso 42-3, 50-1, 53, 103
levantar objetos 90
licopeno 179
limonada 186
limpador de língua 74
limpeza 36-8, 74
luz 106

Maçã 83, 149
machucado 123
magnésio 26
malabarismo 19
manjericão 179
mãos
 alongar 89
 massagem 90, 168
maquiagem 32
marmitas 92-5
massagem 18, 102, 111, 138
 cabeça 71
 crianças 162, 168
 mãos 90, 168
 pedras quentes 142
 pés 31, 38, 89, 101, 168
 tailandesa 111
massagem dos pontos 142

ÍNDICE

massagem na cabeça 71
massagem tailandesa 111
mastigar 65
meditação 23, 24, 148, 175
medo, superar 147-8
meias 116, 121
mel 46
memória 106, 120
mentores espirituais 23
mercado de pulgas 100
mercados 53, 100
mercados de produtores 53,100
metabolismo 70, 74, 114, 121, 132
metas 8, 12, 27, 107
mexilhões 151
minestrone 94, 96
mirtilos 52
molhos 97, 135, 136
moluscos 151-2
monitor cardíaco 109, 117, 148-9
mordidas 155
motivação 21-3, 42, 103
museus 111, 171
música 42, 117
   e aquecimento 37, 138
   e crianças 165, 171

Nadar 103,151, 164
nádegas, tonificar 23, 69, 128
natureza 144
   e as crianças 120, 163, 172-4
noção espacial 138
nozes 26, 84

Obesidade 16, 56, 59, 96
   e alimentos processados 15, 55, 115
   em crianças 64, 167, 169, 184
   prevenir 84, 108, 119, 133
   relação com a depressão 20, 100
   relação com falta de sono 75, 167
óleo de hortelã-pimenta 31, 106
óleos 20, 56
óleos cítricos 19
óleos essenciais 19, 31, 66, 76, 106
olhos, descansar 105, 106
ossos 34, 92, 161
osteoporose 59, 92, 161

Padrões alimentares 16, 133
panqueca 47
pão 53, 96 assar 33, 47, 61
parquinhos 174-5
passear com o cachorro 156
passos 90
patês 135, 187
pedalar 114-19, 124-7, 176
peixe 46, 58,9
pensamento positivo 8, 18, 22
perda de peso 9-11, 66, 114
   e as crianças 169
   e comida 84-5, 99
   e depressão 18
   e inquietude 90
   e sono 88, 141
   motivação para 22
   pós-natal 160-4
períneo 160
personal trainer 103
pés
   alongar 106, 123
   escalda-pés 123, 149
   massagem 31, 38, 89, 101, 168
   melhorar circulação 83
pescar 152
pesto 62
picada 155
pilão 61
pilates 110, 139
pimentas 49
piquenique 95
pizza 47-8, 62
planejamento de exercícios 9
plantas em casa 39, 149
plataforma vibratória 102, 140
pole dancing 44
polifenóis 35, 149
pontos fortes, chamar atenção para 67
porcos 52
postura 118, 140
   durante o exercício 121, 138
   problemas de 80-1
potássio 35, 151
praias naturistas 151
prancha de equilíbrio 36
pressão sanguínea 34, 126
   baixar 12, 33, 50, 70, 110
   efeitos do sal 47
prisão de ventre 33, 49
projetos para o jardim da escola 155-56
proporção cintura/quadril 8
pular corda 42, 176
pulmões 119, 126, 149
purê 33, 34

Queijo 98, 153
queimadura do sol 155

Receber amigos 133-6
reciclar 41
recuperando a forma 161-2
   depois do parto 160-4
refeições 14, 64-5
   crianças 181-5
   planejamento 58
refeições prontas 15, 61, 93
reflexologia 38, 90, 101
relaxamento 18, 76, 139
relaxando 167-8
relaxina 162
remédios herbais 13, 15, 74, 177
remédios homeopáticos 22, 103, 183
   para o fígado 74
   para levantar o humor 107
   para lesões e dor 123, 149, 155, 160
   para a pele 70
remodelando o corpo 140
respiração 101, 12, 150
   exercícios 77, 80, 103, 106-7
rins 47, 72
riso 20
rotas 38
rotina para dormir 76-7
roupa íntima 68
roupas 66-8, 116

Sal 47, 57, 74
salada 95, 97, 135-6, 149, 152
salgadinho 187
samba 109
sanduíche enrolado 92
sanduíches 92, 93, 186
sapatos 100, 116, 121, 137
saúde emocional 174
saúde mental 174
sauna 110
segurança 124, 152
sementes 20, 26, 105
sementes de abóbora 20, 26
serotonina 18, 20
sexo 22, 77
síndrome da fadiga crônica (SFC) 22
sistema nervoso 25-6
skate 176
sobras 65, 183
sobrevivência na natureza 154
soja 57
sol 149
sono
   e crianças 167
   e obesidade 75, 167
   e perda de peso 141
   insônia 70
   melhorar o 75-7
   padrões de 30
   soneca 88
sopas 93-4, 96, 153
sorrir 20
spas 101, 140-2
spas de saúde 101, 140-1
spinning 109
street dancing 138
suco 85, 178
suco de maçã 35
sulforafano 149
supermercado 27, 55-6, 157
suplementos 105
sutiã 68, 121

Tabule 95
tai chi chuan 38, 41, 145
tamanho
   controlar 41, 65, 100, 133-4
   das crianças 182-3
   das porções 33, 46-7, 93, 99
   dos lanches 83, 85
   mudar 96-9
tanques de flutuação 102
técnica Alexander 102
técnica *Rolfing* 111
televisão 39, 169
   durante o exercício 132-3
   e refeições 64, 184
temperos 49, 70
terapia na natureza 145
tireoide 74, 162
tomate 179
torção 123
tortilha 95, 180
trabalho
   atividades depois do trabalho 108-11
   comer no 83-5, 88
   exercício no 80-3, 87-91, 100-3
   fazer pausas no 86-8
   transporte 114-17
trabalhos domésticos 36-8
transporte público 114-17
trapézio 170
tratamento com vapor 73
tratamentos faciais 70, 73, 101, 102
treino em circuito 44, 53
treino variado 110
trekking 127-8
tricotar 132
trilhas descalça 143-4
triptofano 18, 75, 93

Vapor 111
varizes 70
vegetais 48, 56, 74
   ao vapor 59
   crianças e 183, 187, 179
   cultivar 50-2, 111, 144, 156-7
   lanches 94, 106
   tamanho da porção 97, 99
velejar 152
versos 165, 168, 176
viagens ecológicas 144
vinho 15, 108, 134, 136
visualização energética 160
vitaminas 17, 180
vontades 24-7
voz, projetar 91

Xarope de milho rico em frutose (HFCS)

Biografia da autora

Susannah Marriott é escritora especializada na área de saúde complementar. Ela é autora de 15 livros ilustrados sobre ioga, tratamentos em *spa*, meditação e oração e maneiras naturais de lidar com a gravidez e a criação de filhos. Entre eles, estão *1001 Formas Naturais de se Manter Jovem* e *1001 Maneiras de Relaxar*. Seu trabalho já apareceu em diversas publicações na Inglaterra – *Weekend Guardian, The Times, Zest, Shape, Top Santé, Healthy, She* e *Marie Claire* – e na Radio BBC 4. Susannah mora com o marido e três filhas na Cornualha, Inglaterra, e é professora de redação na Universidade College Falmouth. Nas horas livres, gosta de cuidar da horta, fazer ioga, nadar no mar e acampar.

Agradecimentos

Agradecimentos da autora

Agradeço a todos que me deram suas dicas de exercícios e alimentação saudável, especialmente aos Vigilantes do Peso, a Stephen Parker, por sugerir e testar receitas, e à minha parceira de nado no mar, Rosie Hadden. Obrigada a Mat Johnstone pelas dicas de como fazer queijo e sobreviver na natureza, a Hayley Spurway pelas ideias de diversão na praia, a Jen Wright pelas dicas de escalada e a Paul Slydel, da Cycle Solutions, pelas sugestões de pedaladas.
Um agradecimento especial a Julia Linfoot e a Amanda Brown, pela transmissão de seu conhecimento; a Peggy, a Esther e a Helen, da DK, por sua visão editorial, e, especialmente, a Angela e a Carole, por organizar tudo nesse belo visual.

Colaboradores

Julia Linfoot é homeopata e clinica em Londres desde 1999. Receita a seus pacientes tinturas de ervas, essências florais e sais. Julia supervisiona os homeopatas em formação e dá cursos de homeopatia e saúde.

Amanda Brown ensina ioga há 20 anos, é artista plástica e naturoterapeuta.

Agradecimentos dos editores

A Dorling Kindersley agradece a Alyson Silverwood pela revisão de provas, a Vanessa Bird pelo índice remissivo e a Ann Baggaley pela assistência editorial. A Ruth Jenkinson pelas fotografias, a Alli Williams pela produção de cabelo e maquiagem e a Rosie Hopper pela produção de moda. Agradecemos, ainda, a Suhel Ahmed e a Sky Kang pela ajuda na busca de fotos. E, por último, aos ótimos modelos: Jo Freeman e Niki-Simone, da Models Plus; Gail Shuttleworth, da Model Plan; Kate Loustau e Heidi Cordell, da Close Models; e Jas Kang, Susannah Marriott e Charlotte Seymour. Agradecimento especial a MBT UK por emprestar as papetes (p. 121).

Crédito das fotos

Os editores agradecem aos listados abaixo a permissão para reproduzir suas fotografias. (Legenda: a = acima; b = embaixo; e = à esquerda.)

Alamy Images: DAJ 58a; Food & Beverages 97; Chuck Franklin 41b; Grain belt Pictures 102-103; imagebroker 114a; Stan Kujawa, 53; Photodisc 13; Tom Wood 52b; **Corbis:** Peter Adams/zefa 139; Artiga photo 22a; Richard Baker / www.barkerpictures.com 153; Michael A. Keller 14a; Michael Keller 46; Steve Lupton 85a; Tom & dee Ann McCarthy 137; Roy McMahon 50; Mika/zefa 100a; Jeffrey Allan Salter 138; Brigitte Sporrer/zefa54; **DK Images** Cortesia de Simon Brown 182; **Getty Images:** Lori Adamski-Peek 21a; Peter Cade 172a; Tony Hopewell 133b; Clarissa Leahy 176; Ethan meleg 150a; Microzoa 11a; Peter Nicholson 31; Bernd Opitz 124a; Tim Platt 11b; PM Images 87; Lisa Romerein 136e; Jed Share 10a; Juan Silva 128-129; Smith Collection 43; Paul Thomas 119; Luca Trovato 99b; **Photolibrary:** Awilli Awilli 111; Bananastock 16, 39, 75, 120a, 177; Blend Images 117b,151, 171, 188; Botanica 101b; Corbis 14b, 55, 146-147. 162a, 165; Creatas 108, 163a; Denkou Images 26b; Digital Division 12, 17a, 18a, 30, 33, 40, 49b, 56, 115, 117a, 118, 127, 143, 170, 184; Fancy 82a, 133a, 154a; Fogstock RF 8-9; image100 135, 140; Imagesource 42; IPS images 74b; Juice Images 157, 173; Juniors Bildarchiv 156; Ka-blonk! 145; Mauritius 122; Moodboard 65; Novastock 141; OJO Images 67; Paul Paul 174; Photoalto 88b; Photodisc 152; Polka Dopt Images 64;H Schmid 103; Smos Images 83a; Stockbyte 45a, 63; Joakin Sundell 175; Thinkstock 128a; Uppercut Images 57, 116, 164; Westend 61 109; **PunchStock:** Digital Vision 18-19; Inspirestock 51; Radius Images 172b; **Red Cover:** Charlotte Murphy 59; **SuperStock**: age footstock 91, 150b; Mauritius 86; Pixtal 88a; Prisma 124-125

Todas as outras imagens: ©Dorling Kindersley